JN143218

地主の参謀

――金融機関では教えてくれない資産の守り方――

松本 隆宏

エベレスト出版

地主の参謀

――金融機関では教えてくれない資産の守り方――

松本　隆宏

はじめに

「リファイナンスなんてやったことがない。社長の会社に、社長個人の建物を売るなんて話も聞いたことがない。**そんなことは法律違反だ！**」

この耳を疑うような乱暴な発言は、一体誰のものでしょうか。

これは、実際にあった地主家族のトラブルです。そして、結論から言うと、これは決して法律違反ではありません。

皆さんは予想がつきますか？

リファイナンスや法人化を金融機関に真っ向から否定されたK様の事例

6年前、地元の信用金庫から借入れて、8階建ての住居兼マンションを建てたK様。入居率も家賃収入も良好ではあったものの、建設費が予想外にかかり、多額の借入も行った為、手元には毎月ほとんど残らない状態でした。それに加え、膨大な税金でギリギリの財務状況だったのです。

「信用金庫に、借入金の支払期限の延長（リファイナンス）を頼んでみましょう。そして、マンションの所有権を個人から会社に移転すれば、税金が安くなりますよ」税理士から、そうアドバイスを受けたK様は、早速信用金庫の担当者に伝えました。そして、なんとその担当者の返事が冒頭の言葉だったのです。

依頼を受けた私は、まずK様の財務状況を調べ、「別の銀行へ借り換え」「債務を一本化して、少し増やす」、そして「返済期間は長く、金利は低く」という基本方針を立てました。続けて、銀行を4行リストアップして交渉し、最終的には、建設費のローンの他に、すでにあった他の中小の債務をまとめて一本化。それに加え、建物の修繕の為のリフォームローンを新規に起こしました。つまり、全体の債務を少し大きくして、長期返済、低金利にする方向でまとめたのです。

そしてK様には「他の銀行に借り換えます」と、ただ一言だけ信用金庫へ申し出て頂きました。


するとどうでしょう。

途端に、信用金庫は手のひらを返したようになり、しまいには支店長までやってきて、「金利は下げますし、年数も伸ばします。建物の所有権移転もぜひやってください。全部ご希望通りにしますので、借り換えだけはどうかしないで欲しい」と懇願してきたのです。それなら、なぜ最初から誠実な対応ができなかったのでしょうか?


ひとつは大口の顧客を逃したくなかったことが大きな理由ですが、このケースは、それ以外に担当者の知識不足にも問題があったのです。

信用金庫の場合、地元の中小企業への事業資金の貸し付けが主な仕事となります。その為、担当者が不動産についてよく理解していないことがあり、それが問題を深刻化させている原因のひとつとなることが多々あるのです。

金融機関から提示された数字やアドバイスは間違いないと、疑いの念すら抱いていない方も多いでしょう。また、このK様以外にも、相談先がわからずまた的確なアドバイスを受けることもなく、ただ泣き寝入りをせざるを得なかったり、金融機関の言葉をそのまま鵜呑みにしてしまったが為に、支払わなくてもいいお金を多額で支払ってしまったケースがたくさんあるのです。そして、日常的に同様の問題が闇に埋もれているのです。

使命

私は1976年に神奈川県相模原市で、父方、母方ともに地主家系の長男として生まれました。

実家は本家であった為、生まれた時から大家族の中で育ち、毎年の法事や季節ごとの行事にはたくさんの親戚が訪れ、いとこやはとこ達と入り交じって遊んでいたものです。

幼少時には剣道、その後は少年野球、高校野球、大学野球と、青春時代は無心に白球を追い、野球に情熱をかけた日々を送っていました。そして、この野球こそが私の人生流儀のベースとなり、現在のコンサルタント業に大きく影響していることは、間違いのない事実でしょう。

本書を読まれている方の中には「地主は資産家で優雅に暮らしている」というイメージを持っている方も、きっと少なくはないでしょう。しかし「地主は3代で資産がなくなる」と言われ、大半の方が資産を減らしているのが現実なのです。

それなのに、親身になって動いてくれる人や安心して相談できる人が存在しないのもまた現実。

そして、同じように私の実家や親族も、やはり相続で大変な目にあっている姿を子供の頃から見てきたのです。

「このおかしな現実を打破したい！」

「地主家族のお役に立ちたい！」

なぜ、私がここまで長年地主家族にこだわり続けているのか……。

この書では、泣き虫で成績が落ちこぼれだった甲子園球児が「地主の参謀」に至るまでの経緯や、この仕事に対する想いを42年間の生い立ちや生き様を通して書き記し、併せて「金融機関では教えてくれない資産の守り方」の極意をお伝えしていきたいと思います。

そしてこの書が、私のこれからの人生や、地主家族の方々、もしくは様々な場面において同じ境遇にあると感じていただいた方々のヒントになれば幸いです。

第3章 ターニングポイント

第4章　苦難の時代

第5章　金融機関では教えてくれない資産の守り方

第1章

地主家系に生まれて

厳格な父と穏やかな母

大地主の娘であり、保育士だった穏やかな性格の母の口癖は「人と同じではダメ」。

物心ついた頃から、呪文のように聞かされていたその言葉は、私の枕詞であり人生の指南書に刻まれています。


人は周りと同じであることで安心感を得られます。

しかし、それは社会において守りにはなるかもしれませんが、決して武器にはなりません。その上、社会では答えのないことの方が圧倒的に多いものです。

例えば、会社経営ひとつを取ってもそうではないでしょうか。100の会社があれば100通りの経営手法が存在する為、それらにひとつとして同じ答えなどはないのです。

その難解な答えに立ち向かう為には、人と違った角度で物事を捉え、自分の考えや感覚に従って導き出す能力が往々にして求められます。

世の中を生き抜く考え方、さらには地主家系の人間として必要な姿勢を、母は日々の中で自然に身につけさせてくれたのです。

消防士だった父は、本来の性格に加え、職業柄規律や礼節にとにかく厳しい人でした。

長男であり兄妹でただひとりの男だった私は、それは厳しく育てられたものです。

幼い頃、父の力強い腕に抱えられて見ていた景色は、それは鮮やかでキラキラと輝いていました。

ところが、成長とともに、厳格な父からは些細なことで投げ飛ばされることも日常となりました。

反抗期の頃には、逆らえないモヤモヤした気持ちと鬱憤から、常にイライラしていたのを覚えています。反抗期の男子なら、誰もが通る道かもしれませんが、父に対する反発心に加え、力では勝てない悔しい気持ちに押しつぶされ涙を流しながらも、得体の知れない複雑な気持ちが沸々としていたものです。

そんな時、いつもそっと声を掛けてくれ、心が落ち着くまで寄り添ってくれていたのは母でした。

しかし、時の流れとともに、私も一児の息子の父親となった今、私の記憶にある父の姿はやはり強くて威厳があった……。

男同士、この歳になっても意見がぶつかり合う時もありますが、今はただただ、そう思うようになってきたのです。

公務員の職を全うしながら、大家族の長であり地主の長として、家族、そして代々受け継がれきたモノを、ひたすら守り抜いていた姿は「意気」であり「真剣」でした。

考え方や生き様は違いますが、父とは違うステージでいつかは父を超えたい。

「頑張ったな」

真っ先にそう認めて欲しい人……それは父なのかもしれません。

祖父母と先祖への想い

私は、地主の跡継ぎとして生まれたことを、特別意識してきたわけではありません。むしろ責任と自覚を持ち出したのは、大人になってからでしょう。

それでも、やはり振り返ってみると、「家」に対する意識を育ててくれた背景には、両祖母の存在が欠かせないのです。

母方の祖父は私が生まれる2週間前に、そして父方の祖父は生後4カ月の時に亡くなりました。

そのせいか両祖母とも、まるで私を祖父の生まれ変わりのように可愛がってくれ、次第に私も成長とともに、祖父母への感謝の気持ちと、先祖への畏敬の念が育まれていったのです。

日本の高度成長期に「巨人・大鵬・玉子焼き」という流行語がありましたが、父方の祖母は「巨人・千代の富士・アントニオ猪木」が大のお気に入り。テレビでプロレスや巨人戦を観ては、「ほれいけ、ほれいけ」と楽しそうに応援していたものです。

その祖母のもうひとつの楽しみが、私の自転車を買うこと。

成長するたびに、馴染みの自転車屋さんへ一緒に選びに行き、納車された新品の自転車のサドルをまたぐ私の姿に、祖母は嬉しそうに目を細めていました。


そして、私が日大三高に進学し、ついに甲子園出場が決まった際に、一番喜んでくれたのも祖母でした。

試合当日は近所の人を招きテレビ観戦。ブラウン管を通して、熱い声援を送ってくれていたそうです。

そんな祖母も、私が起業した年に

他界。

私の大好物だった、祖母の手作りの酒饅頭と混ぜご飯は、想い出の味のひとつになっています。


母は、父が夜勤の日になると、私を連れてよく里帰りをしていました。

母の実家の庭はとにかく広く、子供が一日遊ぶには十分な広さでした。

そこには一部急な斜面があり、その下には大きなサボテンがそびえ立っていたのですが、母とキャッチボールをするたびに、何度もその斜面を転げ落ちてはサボテンに突き刺さり、それは大変な思いをしたものです。

また、庭で飼っていた猿やチャボの餌やりをしては、その襲撃に遭うこともしばしば。それでも子供の私にとっては、その庭は格好の遊び場で、目を輝かせながら疲れ果てるまで遊んでいました。


祖母との一番の想い出は、母と3人でいつも行っていたデパートコース。

買い物の後には、必ずお決まりのうな重とクリームソーダを食べさせてくれました。

当時の私には、このうなぎの美味しさがまったくわからず四苦八苦したものですが、その様子を眺めながら祖母はいつも微笑んでいました。

その祖母も私が大学3年の時に他界。

思い返せば、両祖母はいつでも私の良き理解者で、心の故郷でした。

あれから数十年の時が過ぎた今、いつも私の記憶の風景には、ふたりの笑顔があるのです。

200年前のご先祖

時が経ち、私も40歳を迎える頃、ふとしたきっかけで家系図を作ることになりました。

それは、ある日息子を連れて実家のお墓参りをした時のこと。

古いお墓のひとつに刻まれた、今にも崩れ落ちそうな「天保」の文字。

「誰のお墓だろう……」

しかし、親や親族に尋ねても答えられる人はいません。

「そうだ、家系図を作ろう！　それを作ることが先祖供養になるのでは……」

考えあぐねた結果、私は家系図を作ることを思いついたのです。

そして、ついに完成した家系図が届き、それを手にした時の感動は今でも忘れることができません。
幾本にも枝分かれをした「根＝先祖」に支えられ、「私」が存在しているという事実。もちろん、あの「天保」が刻まれたお墓の下に眠っている方の名前も判明しました。もし、自分が亡くなり何百年の時を経て、子孫がこうして私の存在を探し出してくれたなら……こんなに嬉しいことはないと思うのです。

家系図を作ったことは実に正解でした。父や母との話題も増えましたし、家系図を見に訪れた親戚達との関係性もより深まったと思います。

先祖が守り続けた「想い」を受け継ぎ、未来へ確実に繋げたい。そして祖父母に恥じない生き方をしていきたい。
書斎に飾った家系図を毎日眺めながら、先人と亡き祖父母へ想いを馳せているのです。

本家であるがゆえの苦痛

私がまだ物心もついていない幼い頃、それは突然起こりました。

祖父の代に保証人になっていた身内の会社が倒産し、その負債が一気に父の肩に乗ってきたのです。

そして、それからというもの事ある毎に、父と母のケンカが絶えなくなりました。

それはそうでしょう。まだ20代の公務員だった父にとって、数千万円という数字は気が遠くなるような額です。

幾度となく絶望に苛まれたであろうことは想像できますし、当時の父の心境は筆舌に尽くしがたいものがあっただろうと察するのです。


それからというもの、父は幼い私の手を引きながら、弁護士事務所、不動産会社、銀行へと毎日のように足を運び、必死で相談先を探し回ったそうです。

結局のところ、その後親戚のアドバイスもあり、所有していた土地の大半を手放すことで、肩代わりをした借金を完済することができたのですが、その頃にはすでに事態が発生してから数年もの月日が経過していました。

そして同様に、親族もまた相続問題で頭を抱えている姿を長年目にしてきたのです。

なぜ、こんなに月日が掛かったのか、相談する先はなかったのか、的確なアドバイスを受ける手段はなかったのか。

今の私の知識とテクニックがあれば、祖母も両親もどれだけ助かっただろう。

過去を悔やんでも仕方がないのですが、この出来事はのちに「地主の参謀」が誕生する最たる理由となるのです。

地主はいつも狙われている

昔、実家に訪れる多くの大人達の中で、ひときわスーツ姿が目立つ男達がいました。彼らは年中朝夕時間構わず、重々しい書類を手に訪問してくるのですが、その光景は幼心にとても印象的で、今でも鮮明に記憶しています。

彼らがいったい何者で何の用件で訪れていたのかは、当時子供だった私には知る由もありませんでした。しかし、のちに、彼らは地主である実家をターゲットに、相続や土地活用を熱心に勧めていた、建設会社や金融機関の営業マンだったということを知ることになるのです。

その後、時は流れ時代も目まぐるしく変遷を遂げる中、驚くことに未だその状況が変わっていないことを目にするのです。

先日実家へ帰っていた際、まさしく食事時の19時頃。

今から家族団欒というこの時間帯に、突然インターホン越しにとびこんできたのは、大手建設会社の営業マン。

もちろん両親とアポイントメントがあるわけでもなく、非常識とも取れるこの時間帯の訪問に、私はただただ呆れるしかありませんでした。

あまりにも勝手なやり方に、業界に携わる者として恥ずかしさを感じるとともに、自分達の利益しか考えない旧態依然とした業界の営業手法に危惧の念すら抱きます。

ただ彼らが必死に勧めてくる賃貸物件の建築や購入などの提案は、実際に相続対策としてはとても有効で、様々な効果を生み出すことがあるのも事実です。

しかしながら、ただやみくもに建てたり買ったりすることはとてもリスクが高く、賃貸物件の建築、さらには生命保険や法人の活用など、全体を見ながら多角的に検証をした上で実行に移していくことが、とても重要となってきます。

そのような様々な事柄が絡み合う複雑な相続対策を、常識を知らない人間に任せられるでしょうか。

目先の相続だけに捉われ、本来手放さなくてもよい土地や財産を失うことになりかねないのです。

第2章

野球が教えてくれたこと

逆算的思考からの結果

小学生になると、私は地元のチームで野球に打ち込むようになりました。幼い頃は剣道を習っていたのですが、野球は私の性に合っていたようで、その後メキメキと上達していくのです。

腕に覚えがある野球少年であれば、誰もが一度は憧れる甲子園。中学へ上がる頃には、私もご多分に漏れず甲子園の大舞台を目指すようになりました。

有難いことに進路を決める頃には、母校の日大三高以外にも複数の名門校から推薦のお話をいただいたのです。

どの学校も強豪校でそれぞれに魅力的だったのですが、当時私は将来法政大学に進み、東京六大学野球でプレーをしたいという強い想いがありました。さらには長い間甲子園から遠ざかっている古豪に身を置き、自分の代で甲子園への流れを作りたいという熱い思いもあり、両親と相談の上、名門日大三高へ進学したのです。

今思えば、このようにゴールを決めプロセスを明確にした上で行動に落とし込んでいく逆算的思考も、この頃からすでに習慣化していたように思います。

そして、3年生に上がる春、主力選手として念願の甲子園に出場。

ついに日大三高は、20年振りの快挙を成し遂げたのです。

「為せば成る」

まさにこの言葉に集約されていると言っても、過言ではありません。

出会い／言葉

3年生になり、大学の進路選択を考えていた矢先。ソウル五輪日本代表コーチとして、そしてバルセロナ五輪では代表監督としてメダル獲得に貢献された、かの名将である山中監督が法政大学に戻って来られたことを記事で知りました。

山中監督は「小さな大投手」と呼ばれ、法政時代に、田淵幸一さん、山本浩司さん、富田勝さんら「法大三羽ガラス」と共に、法政大学の黄金時代を築いたひとりでもあります。

東京六大学野球でプレーをしたいと考えていた私は、すぐさま法政大学への進学を希望し、夢だった法政へと進むことが出来たのです。ところが、進学後は度重なる故障に悩まされ、入退院を繰り返すこととなりました。

当時はそれで自暴自棄になり腐っていたのですが、今思えば、逆に故障があったからこそ自分に向き合い、また野球にもじっくり向き合うことが出来たのかもしれません。

そのような状況の中、その素晴らしい師のもと、監督の言葉ひとつひとつを肌で吸収しながら、纏う空気さえ自分のものにしたいと、4年間ひたすら練習を積みました。

山中監督の「自律」「バランス」、そして高校時代の青木監督の「思いやり」。これらの言葉は私の宝物となり、今も日々の生活やビジネスに活きています。

規律や礼節を重んじること、目上を敬う姿勢、聞かずとも心を読み取る術など、それらは野球を通して培った私の「自信」であり、数々の辛苦の経験は自己を律する「精神力」を鍛えてくれ、これらはその後の人生や今の事業においても、まぎれもなく大きな糧となっているのです。

スポーツを通して得たものは必ずビジネスに活きますし、その活かし方は全て自分次第ではないでしょうか。

しかし、こんなことを言いながらも、実は私は勉強が大の苦手で、学校の成績はビりから数えた方が早い程の超がつく落ちこぼれでした。

野球のことはすんなり頭に入っても、学問に関してはアレルギーがあり、野球という取り柄がなければ、日大三高も法政への進学も有り得なかったのです。

しかも、大きな声では言えないのですが、大人になった今は、パソコンの操作や機器の設定が大の苦手。意外だと言われますが、完全なアナログ人間なのです。しかし、今こうしてコンサルタントの端くれとして様々な場面へ出向いたり、徐々に結果が伴ってくると、当時の私を知っていた方の私に対する見方が変わってくるのです。

「松本はあの頃から優秀だったよな」

当時は、あれだけ「バカだ、落ちこぼれだ」と散々言われていたはずなのですが、人の記憶とは実に面白いものです。自分ではくすぐったくて笑ってしまうのですが、生き方次第で過去の事実をも塗り替えることが出来るのだという新しい発見。

そして、落ちこぼれで資格もない私が、こうして経営者の端くれとして現場に立っている姿を、当時の誰が想像したでしょう。

でも、またそれも人生の醍醐味なのかもしれません。

野球とコンサルタントの意外な関係〈役割〉

私が野球を通して得たことは、今のビジネスに深く影響しているということを先にも述べましたが、まさに、私が携わるコンサルタントの仕事は、野球の「ゲーム特性」と個々の「役割」に似ていると思います。

野球には個人の「役割」というものがあり、それを踏まえた上でチームプレイとして考えることの大切さや、仲間との情報共有の重要さを求められます。

ひとつの例ですが外野手はピッチャーが投げる球種やコースを1球毎に把握し理解をしています。しかし、位置的にレフトやライトからはキャッチャーの出すサインは見えませんし、センターは真正面ですが内野手に阻まれ見えません。

そもそも距離が遠い為、キャッチャーの指の動きなど見えるわけはないのです。では、なぜ遠くを守る外野手にキャッチャーのサインがわかるのでしょうか？

実は、セカンドとショートがキャッチャーが出すサインを見て外野手へサインを送り、そのサインを理解した外野手は守備位置を調整したり、打球が飛んでくる方向を予測するのです。このように個人の役割が明確であり、共に協力し合いながら勝利というゴールを目指す野球と、私が携わるプロジェクトの進行はとても似ていると言っていいでしょう。

コンサルタントだけでは成り立たず、税理士や司法書士だけでは成り立たず、建築会社や不動産会社だけでは成り立たない。

本来ひとりのチカラだけでは成り立たないのが、真の相続対策ではないでしょうか。それぞれの専門分野において役割を担う者が、お客様からの情報を敏感に拾いながらパートナー達へ共有し合う。

このような姿勢がプロジェクトを進める上で新たな気付きを生み出し、それが事前解決へと繋がり、スムーズ且つ理想的な相続対策を行うことができるのです。

野球とコンサルタントの意外な関係〈ゲーム特性〉

野球の「ゲーム特性」のひとつとして、独特の「間」というものがあります。実はその「間」が、野球の面白みを生み出している大きな要素と言えるでしょう。

例えば、打席に立ち配球を読む時。

1. 前の打席に入った時のこと
2. 前後を打つ打者との兼ね合いやイニング
3. ゲーム展開や、さらには守る側であればどのタイミングでスチールやエンドランを仕掛けてくるのか？
4. どのタイミングでピッチャーを代えるのか

など、打席に立っているだけでも、常に様々な仮説を立て検証し続けることを繰り返しているのです。

ある著名なコンサルタントの方に「松本さんは、どこでそのコンサルタントとしての能力を身に付けたの？」と聞かれたことがありました。

その質問を頂いたことがきっかけで、自身の歩みを振り返り気付いたのが、この野球の「ゲーム特性」だったのです。

私が普段から流れを読みながら、今後の展開を予測立てて過ごしているのは、この野球を経験していなければ培えなかった能力だと思います。

野球には様々なシーンやドラマがあり、客観的に引いて見ることが大切なのですが、そのような意識や感覚も、コンサルタントに求められている能力と似ているのではないでしょうか。

第3章

ターニングポイント

地主を取り巻くおかしな現実

最近、あるご家庭の現状分析をした結果、私どもと金融機関が算出した相続税額の数字に、7000万円以上の開きが生じました。

同じご家庭の財産状況なのに、この差は何を意味するのでしょうか？

「金融機関から提示された数字であれば間違いはない」と信じる方も多いでしょう。

しかし、金融機関は数字の算出を間違えたのではなく、決して悪意があったわけでもないのです。

ではなぜでしょう？

それは、ひとことで言うと『専門性の差が数字に表れた』ということなのです。

実は、日々私どもが携わっている相続や事業承継に関わる現場では、このようなことが頻繁に起きています。そして残念なことに、これらの貴重な情報が一般の方々の耳に入ることはありません。

私自身も地主家庭に育ち、家族や親族が相続問題で悩んでいる姿を傍で見てきました。

そして、お会いしてきた方皆さんが共通しておっしゃるのは「誰に相談していいのかわからない」ということ。世相が激変を遂げている中で、この現状だけは時を経ても未だ変わることがなく、そもそも「信頼できるアドバイザーが不在」という事実にさえ気付いていない方もいらっしゃるでしょう。

サラリーマン時代の経験の中でも感じていた、地主を取り巻く「おかしな現実」。これは確実に存在しているのです。

運命の書

大学卒業後、私は株式会社穴吹工務店に就職。その後、大手住宅メーカーの住友林業株式会社へ転職し、注文住宅担当の営業マンとして従事しました。

のちにこれが人生のターニングポイントになるとは、当時の私には知る由もないのです。

住友林業では、いきなり社会人としての大きな通過儀礼を味わう羽目となりました。入社後半年間の成績はそれはひどいもので、なかなか成績が伸びないストレスから、私は体調を崩し蕁麻疹を発症。会社の寮の自室で、毎晩孤独に押し潰されそうになっていたのです。

目的地は見えても、そこに至るまでの手段がわからず、手探りの状態が続く混沌とした日々。

「やるしかない」とわかっていても、蕁麻疹の強い痒みも重なり、さらに気持ちが落ち込んでいきました。ただこの時は、誰に何を言われても「安定した成果を出すまでは、逆らわない、異を唱えない」。ひたすらこれを自分に言い聞かせていました。打てない打者がベンチで打撃理論を熱く語ったところで、それは所詮「負け犬の遠吠え」なのです。

中途入社だった私は、同じ歳の社員より商品知識も経験も劣っていたのですが、それでも会社からは毎日当然のように数字を求められます。

「知識がない分、どうすればより早く、誰よりも数字を出せるだろう」と、悔しい思いをしながら自問自答の繰り返し。

そんな暗雲の日が続き、なかなか光を見出せない中、ある日書店でたまたま手にしたのが、「天は自ら助くる者を助く」で有名なサミュエル・スマイルズの『自助論』でした。

なんとなく書店へ行き、予定外に見つけたこの本こそが、今でも行き詰まった時に助けられ、決断を支えてくれる一冊であり、人生のバイブルといっても過言ではありません。


「知識の分量と知性の働かせ方は別物である」


パラパラとページをめくり、偶然目に飛び込んできたその一節。

瞬間、骨を貫通し脳に閃光が走る。熱く痺れる何かが私の心を鷲掴みにし、一瞬にして思考のベクトルを軌道修正してくれたのです。

「そうか……そうだよな！」

知識にとらわれていた自分。頭デッカチになっていた自分。

「知識がないなら、ないなりのやり方を見つければいい」

出会い／姿勢

それから私はその書を手に急いで寮へ戻り、自室で「ひとり戦略会議」を開きました。

そして、まずは同じ寮でよく一緒に食事をしていた、5つ上のIさんに教えを請いました。

設計士をしていた技術上がりのIさんは、理系ならではの緻密な計算のもと、より早くより効率良く成績を上げる方法を数字で弾き出し、その答えから目的地までの戦術を懇切丁寧に教えてくださったのです。

かの織田信長、豊臣秀吉、徳川家康もまた、黒田官兵衛という勝ち方を知った最強の軍師を付けていました。同じように、スポーツでもやはり勝ち方を知っている指導者を付けることが、勝利への近道となります。

それからというもの、私は水を得た魚のようになり、辛かった出勤の足取りも軽やかに、日中はIさんと過ごす寮の時間が待ち遠しくなりました。

Iさんは知り得る限りの情報を惜しみなく与えてくださり、私もまたそれに応えるべく、即実践していったのです。

さらに私は「知識がない分、知性を掻き集めよう」と考え、設計、営業その他各分野の「優れた方の心を味方に付ける」テクニックを身に付けました。お客様を味方にする前に、まずは身内を味方に付けなければいざという時に戦えません。

そうこうするうちに、私にも徐々にお客様が付くようになり、八方塞がりの状態にもやがて風穴が開き始めました。そして、ついには組織でトップクラスになり、全国表彰の席に顔を出せるまでに至ったのです。

「努力とは他人が使う言葉であり、自らが使う言葉ではない」

私に与えられた大きな通過儀礼は、結果にばかり拘りプロセスを大切にしていなかったことへの自身の甘さを教えてくれた良い機会となりました。

大学時代、故障が続き表舞台に立てず腐っていた自分。

あの時の挫折が、ギリギリの時でもダークサイドに引き摺り込まれない精神力を創り上げてくたのかもしれません。野球に対して中途半端だった悔しさは、社会に出てからの「原動力」となっていることは言うまでもありません。

立ちはだかる壁

仕事に余裕が出てくると、ある問題点に気付くようになりました。

お客様の中には資産家や地主の方も多く、その方々はさまざまな問題を抱えていることがわかったのです。それらは、土地以外にも建物・借入・税金・保険など、資産家・地主特有の多岐にわたる相続や事業承継の問題がほとんどでした。

しかしながら、そのように多様な問題を抱えているお客様に対して、商談で同席する各士業の方々のアドバイスが、専門家によってバラバラで包括的ではないことが、私の中で腑に落ちない問題になっていました。

さらには、お客様への説明が専門的で小難しい。

複雑な事柄をいかにわかりやすく表現するか。この表現方法がとても重要であり、この表現いかんでその後の商談に大きな差が生まれてきます。

「読んでわかる」のではなく「見てわかる」

文字を読んだ後、その文字から想像するのはその方の過去の記憶がベースとなり、またそこからの解釈は無限であり千差万別です。

それは個々の「既知」の情報に違いがある為に生じる、至極当然のことでしょう。しかし商談においては、同じ文字を読んだにも関わらず個々の解釈が違えば、前に進むべき話もなかなか進みません。

「お客様の立場に立ったご提案」

当たり前のことなのですが、この接遇をベースとしたご提案が出来ていない光景を日々よく見かけるのです。今思えばこの過去の経験も、現在のコンサルタント業にはなくてはならないテクニックを培う修養の場となりました。

しかし、当時はこのような釈然としない商談に同席するたびに、大きな壁が先を阻み心の中の霧がさらに深くなっていったのです。

こうした日々の中で、バラバラに途切れていた、いくつものセピア色のパズルピースが繋がっていき、過去の「ある記憶」が次第に色濃く蘇ってきました。

暑い日も寒い日も、年中ひっきりなしに訪れるスーツ姿の男性達。重そうな書類を広げ、ハンカチで汗を拭きながら何やら深刻な話をしている大人達の後ろ姿……。庭で無邪気に遊びまわっていた子供には、到底立ち入れない雰囲気。そして大人の事情。両親や親族から聞かされていた相続の話や、こうした記憶の扉がふたたび開いたことにより、「資産家・地主はどの家庭も深刻な悩みを抱えている」ことに気付き、さらには「地主家族の現実」が私の中で大きな課題となっていったのです。

この頃にはすでに社内では上位の成績を上げており、表面的には充実していたのですが、仕事を引き継いだ途端に異動があり、せっかく軌道に乗った案件も突然担当から外れなければならないという、大企業特有の問題にもぶつかり葛藤にもがいていました。

「地主家族の為に何か良い策はないものだろうか……」

当時の私は、いつもそればかり考えていたように思います。

出会い／衝撃

成績も安定し、仕事も波に乗ってきた頃のこと。

会社が入っていたビルの一階で、毎日のように見かける体格の良い男性がいました。お決まりのようにそこでよく電話をしていた彼は、いつも笑顔が絶えず快活な姿がとても印象的でした。気付くと私は、見かけるたびに彼を目で追うようになったのです。

そしてちょうどその頃、大学の先輩から「君がいる同じビルに、A社が入っているだろう。そこにSという友人がいるんだけど、奴は凄腕の営業マンだよ。」という話を聞きました。

しかもよく聞いてみると、いつも目で追っているあの電話の男性と風貌が合致するではありませんか。

ある日私は、勇気を出してその男性に声をかけました。

「もしかしてSさんですか……？」

「お、聞いてるよ！」

すでに先輩から私のことを聞いていたらしく、天真爛漫なその太陽のような笑顔で私を包みこんでくれました。

それが、今なお憧れ続け、いつも私を支えてくださるSさんとの最初の出会いとなったのです。

2つ上のSさんもまた甲子園を経験した野球少年だったこともあり、すぐにウマが合いました。堂々とした風格はとても男らしく、それでいて謙虚で、その場の空気をも変えてしまう圧倒的なオーラは同じ男としてとても魅力的でした。威厳というものは謙虚さから成るものだということを、体現している人だったのです。

「この人はすごい！　この人から学びたい！」

それからというもの、私は会うたびにどんどんSさんの魅力にハマり、彼の一挙手一投足から目が離せなくなりました。

仕事もお酒も食事もすべてが豪快で、部下や後輩の面倒見がよく、誰よりも質問上手で勉強熱心。たとえ相手が新人であろうとも、良い意見があれば頭を下げて教えを請うのです。

「素直さ」と「真剣さ」と「情熱」を兼ね備えた、男の中の男。

今の私の職業においても最大のブレーンであり、これからも間違いなく追い続けるであろう「永久不変の憧れの人」。それがSさんなのです。

決意

30歳になった頃、ある日私はキッパリと退職を決意するのです。決意表明後は、さすがに周囲から多くの反対を受けました。

「大手の肩書きを捨てるメリットはない」

多くの人から同じことを言われました。しかし、それらもすべて、私を心配してくださっているからこその意見。それでも私は決意が固く、気持ちは揺るぎませんでした。

実家では父が猛烈に反対。自分と変わらない程の収入があるにもかかわらず、その収入と安定を捨てるのですから、息子のすることに理解が出来なくて当然でしょう。

しかし、そんな時でも母だけは「物足りないのよね。また頑張ればいいじゃない」と、理解を示してくれました。

また、少数ではありますが、背中を押してくださる方々もいました。

「松本さんならできるよ」

「いいタイミングだね」

この方々からの言葉は、今でも私の心の支えとなっています。

さて、退職を決意したものの、しばらくは目的地を見つけることから始まりました。目的地に辿り着いたのではなく、これから目的地を見つけなくてはならない状態だったのです。落ちこぼれで資格もない自分が、一体何ができるのだろう。退職したことは悔いていませんが、すぐさま生活の不安がのしかかります。

「とにかく収入を得なければ……」

地主の為になる仕事をしたいという熱い想いはあったものの、まずはその土台作りの意味と、当面の収入を得る取っ掛かりとして、アパートローンや住宅ローンなどの融資付けに特化したコンサルタントとしてスタートしました。

多くの苦労はあったものの、この融資付けの仕事はのちの事業に大いに活きることになったのです。

金融機関は本当にあなたの味方か

実はこの融資付けの仕事を通して、ある「金融機関の本質」というものが見えてきました。

皆さんは金融機関の本当の仕事を知っていますか？

地主家族の方々には、長くお付き合いのある金融機関があり、担当者と接触する機会も少なからずあると思います。そして、彼らから所有する不動産に関するアドバイスを受けた方も多いのではないでしょうか。

しかし、ここで改めて考えて頂きたいのですが、金融機関の本当の仕事とは何でしょうか。

彼らはどのようにして利益を得ているのでしょう。

利益など度外視で、ボランティアで動いているのでしょうか？

金融機関の仕事は、預金、為替、信用創造など多岐にわたりますが、「お金を貸すこと」が主要な業務のひとつです。アパートローンや住宅ローンで貸し出したり、その他企業にお金を貸し出し、その金利で利益を出す。それが本当の仕事なのです。

皆さんに無料で相談にあたるのも、この「本当の仕事」が目的とも言えます。当たり前の話ですが、これらのことはつい日常の意識から離れてしまいがちなのです。

こちらがお金を預ける（＝銀行に貸す）。そのお金を、企業の事業資金や、アパートローンなどの形で、2、3％の金利で貸す。一方、預金者へ渡す金利分は、0・01％という、ごくわずか。この金利の差が利益となり、これが銀行のビジネスモデルとなります。「言われてみればそうだ」という話なのですが、金融機関はあくまで自分たちの利益の為に動いていることに気付いて欲しいのです。

そして、金融機関は、長期で返し続けてくれた方が、確実に利益を得られます。

例えば、住宅ローンでは、予定より早く返済することを「繰り上げ返済」と呼びますが、その繰り上げ返済をする際に、違約金が発生するケースがあります。例えば、30年という期間で得る予定の利益が、10年で返済されると、その分の利益がなくなってしまいます。

その為、銀行は違約金という形で支払いを請求してくるのです。早く返すことで手数料が発生するのは、考えればおかしなことですが、長く借り続けることが、いかに銀行にとって都合がよいかがわかりますね。銀行にとっては「せっかく確定している利益をなくさないで欲しい」というのが本音なのでしょう。

金融機関にとって最も安全な取引先とは

金融機関にとって、地主家族の皆さんは最も安全なお客様でしょう。

アパートローンの場合は、アパートの家賃収入で安定的に返済されます。しかも地主家族は別の母屋に住んでいる為、仮に返済が滞った時でも住宅の場合と比べて抵当権を実行しやすい。そんな安全で都合のよいお客様に対して、金融機関が返済額を減らすことに関してアドバイスをしてくれるでしょうか。地主さんも、その辺りの情報に乏しく、実際は「羊と狼」のような関係性になっている場合がほとんどなのです。

このような構図を冷静に読み解くと、本当の味方が誰なのか、誰に相談するべきかを考える機会となりますね。

また、各専門家のアドバイスを受けることもあるかと思いますが、不動産を代々引き継いでいるご家族には、整理するべき問題が多い為、不動産に詳しい方でなければ、おそらく的確なアドバイスを得るのは難しいでしょう。

建物は、新築当時に比べ徐々に家賃が下がり、築年数が経つにつれ修繕費がかかり出し、減価償却費が減り、実収入が減ってきている状況の中、ついに大規模修繕が必要となる。

下がった家賃を元に戻すことは現実的には難しいのですが、工夫次第で返済額を軽減することは可能です。

数年前のことですが、私どもが対応させていただいた事例の中に、アパートローンの借り換えにより、年間返済額が１００万円以上（借入額：５０００万円弱）の軽減が出来たケースや、多い方では５００万円以上（借入額：４億円弱）軽減できたケースなどがあります。

しかしこのような情報は、すでに貸し出している金融機関からまず提案されることは考えられませんし、一般の方がプロ（金融機関担当者）とやり取りをしても、上記のケースと同様の効果を出すことは難しいでしょう。

地主の参謀の誕生

2年程、融資付けのコンサルタントとしてお客様と触れ合う中、地主家族に対する熱い想いは加速度的に高まっていきました。本書を読まれている方の中には「地主は資産家で優雅に暮らしている」というイメージを持っている方も、きっと少なくはないでしょう。

かつては、土地を所有しているだけで資産家という概念がありましたが、実際のところは毎年掛かる固定資産税に加え、相続のたびに多額の相続税を支払い、おまけに更地に対しては固定資産税も高くなるなど、とにかく支出が多く、事実は想像とは異なります。

そして、その地主に近付くのは、ほぼビジネス目的の金融機関や不動産業者。彼らは地主の利益などは全くの度外視で、自分達に都合のよい商品ばかり勧めてくるのです。そして、的確なアドバイスを受けられず相談するところがないまま、本来手放さなくてもよい土地や財産を失い、ますます地主は孤立化するのです。

「地主家族の為に何か良い策はないものだろうか……」

住友林業時代にも考えを巡らせていたこの課題。浮き彫りになる様々な現実を前に、何も出来ない自分。歯痒い思い。

味方がいない地主家族の為に、一体何ができるのだろう……。

味方……。

「そうだ！ なぜ気付かなかったんだろう！」

「自分が味方になればいいいんだ！　地主家族の気持ちは自分が一番よくわかっているじゃないか！」

そして、ついに2007年。

当時、世の中には存在しなかった、地主専門のコンサルタントとして「地主の参謀」の肩書きを見出した私は、心機一転、新たなスタートを切ったのです。

第4章

苦難の時代

生みの苦しみ

「実家と同じような苦労をされているご家庭に、最良の選択をしていただきたい」

そんな溢れ出る熱い想いを胸に潔く起業したものの、これまでの道のりは決して平坦なものではありませんでした。

なにしろ、お手本になる方もいなければ、もちろんルールもなく、自分でゼロから新たにルールを作らないといけなかったのです。

実は、人生で最も大きな資産が動く時であるにもかかわらず、現状をよく理解しないまま物事が進んでいるのが相続対策の実態です。土地所有者である地主はもちろん、提案者である建築会社や不動産会社でさえ、全体像を理解していないことがほとんどで、その状態でお客様が提案を受け判断すること自体が乱暴な話なのです。

例えば、ダイエット目的でスポーツクラブへ通い出したとします。トレーナーはお客様の状態を調べないまま、いきなりトレーニングメニューを渡すことはしないでしょう。まずは、身長、体重、体脂肪などの情報をもとにカウンセリングをし、個々に合ったメニューを作るのが通常です。

相続対策も同様に、まずは現状を正しく知り、その上でより良い可能性を探らなければいけないのです。

ところが、そのことをわかってはいるものの、それをどう仕組み化すればよいのか、起業当初はほとほと困りました。そして、濃い霧の中をただやみくもに探し続けながら、時は無情にも一刻一刻と過ぎていくのです。

「この地道な日々は必ずのちに活きてくる」

この頃はとにかくそれを自分に言い聞かせて、生みの苦しみにもがきながら歯を食いしばっていました。

出会い／道

ある時、知り合いから高橋敏浩さんのビジネスセミナーに誘われました。それまで多くのセミナーを受講してきましたが、数万円という金額を支払って参加したのは、このセミナーが初めてで、また当時の私には痛い出費でもありました。

ところが、初めて足を運んだその場所は、瞬時にその思いを打ち消す程、素晴らしくそして最高の時となったのです。

人としての在り方や姿勢。学校では教えてくれない大切なこと。

高橋さんが投げかける、まっすぐで熱いメッセージは、開始からものの3分で私の心を激しく揺さぶり、生き方や物事に対する価値観は、たった数時間にして一気に覆されたのです。

こんなに凄い人が世の中にいるんだ……。

僕が求めていた人はまさにこの人だ！

度肝を抜かれた私は、何かが変わりそうな期待と、未来への明るい予感で心臓が高鳴りました。

そして、よくある自己啓発的なセミナーだろうと、はすに構えた自分がちっぽけな人間に思え、恥ずかしくなったのです。

学校で教える学問も大切ですが、それはあくまでも受験に必要なテクニックであり、生きていく為に必要な生の教育ではありません。

感情のコントロールも人生もすべて物事の捉え方次第であり、豊かな人生を歩むには物事をプラスへと変える思考の転換が必要です。

昨日までの自分は何だったのだろう。

自分の心を騙し騙し生きてはいないか?


とにかく「必死」に、とにかく自分に「正直」に。

過去の呪縛にとらわれた自分を解放し生まれ変わりたい。

過去の自分が憧れる人間になりたい。

そして、この人に近付きたい!

継続学習の必要性を感じた私は、その日のうちに「弟子入り(継続参加)」を決めたのです。

成果ではなく成長にフォーカスする

この仕事には絶対的価値がある。

必ず世間から必要とされる時がくる。

しかし、信念だけではどうにもならない現実が私の前に立ちはだかっていました。

当時は、若さゆえのワガママを客観視できていない部分があり、それが自分の欠点でもありました。

地主の長男として女系家族の中で大切に育てられてきた自分。

時代の節々で自分なりに辛い時期を乗り越えてきた自負はあったものの、やはりいつでも何かの庇護のもと守られてきた甘さがあり、それが脆さでもありました。

ただ今は違う。守られる側から守る立場へと変わり、仕事もお金も一から自分の手で生み出さないといけない。

今こそ「自分がどう生きるか」を考え、自分とゆっくり対峙するチャンスではないか。そう考えた私は、次の案内が届くたびに積極的に師匠のセミナーに参加していきました。

当時からこのセミナーはとても人気があり、また志が高い人が多く、毎回会場を覆い尽くす程の受講者が集まり、活気に満ちていました。

基本的にステップアップ形式ですが、私は振り返りの意味で、何度も同じセミナーを受け直し反復学習をしました。すると、その時々で見方や捉え方の角度が変わり、同じ内容なのに新鮮に聞こえてくるのです。

私は、毎回ひとつとして漏らさず、師匠の言葉を心と思考に落とし込みました。

「成果ではなく成長にフォーカスしろ」

周りから見れば、私はウサギではなかったかもしれません。

しかし、カメはカメなりにひとつひとつ確実に階段を登りながら、忠実に師匠の教えを実践していったのです。

本当はどうしたい？

もっと良くなりたい。

もっとたくさんの情報を得たい。

学びを実践していくと、次々に新たな目標が生まれてきます。

師匠の身近でさらに高い指導を受けたいと考えていた私に、ある日マンツーマンのコーチングの案内が飛び込んできたのです。もちろん、何の迷いもなく即決。

そして、師匠の長時間で長期間のコーチングがスタートしたのです。

直接、師匠を真近で見ると、初めてセミナーを受講した時に度肝を抜かれた感覚が再び全身を巡ります。そして、師匠の情熱とオーラが直接肌に伝わり、私はただただ心酔していきました。

師匠が持つ情報量もその質も全てがズバ抜け、思考も行動もスケールが違う。若者言葉で言うと、「神ってる」と言うのかもしれませんが、素直に表現すると「化け物」だと感じ、冗談ではなく、女性に惚れる感覚で師匠というひとりの人間にのめり込んでいったのです。

「この人に近付きたい」と想い続けていた、その人が目の前にいる。貪欲に全神経を集中させ、仕草や物腰までをも自分のものに、そして細胞の内側まで「この人」のすべてを吸収させたい。

心の奥底まで見透かされているような恥ずかしい感覚の中、師匠は私に過去の自分と対峙させ、フタをしていた苦い記憶と感情を上手に引き出してくださいました。正鵠を得た投げかけや質問にタジタジになりながらも、一枚一枚ゆっくりと皮を脱ぎ、新しい自分へと生まれ変わっていく軽やかな感覚。

このことで、自身との向き合い方や、人との関わり方が格段に変わっていったのです。

さらには、自らの可能性に期待し「常に自分で自分を選ぶ人間になる」という考えも持てるようになりました。

特に「物事の優先順位」の付け方を学んだことで、その後の行動が変わり、物事を処理する能力が加速度的にアップしたのではないかと思います。

師匠は、全期間、全力で私と向き合ってくださり、また私もそれに必死で付いていきました。

そして、物事の本質を見抜く力や捉え方、さらには、彩り鮮やかなスパイスを投入して、私の「自分哲学」にテコを入れ、軌道修正してくださったのです。

「本当はどうしたい？」

物事の選択を迫られた時。

壁にぶつかった時。

師匠のこの言葉が、常に脳裏に浮かびます。


仕事をする上で、人は往々にして、「お金の為に」とか、「家族の為に」「会社の為に」という思考に陥りがちですが、「人生」という大きな流れで考えた時に、果たしてそれで良いのだろうか。

小手先の手段で目先の幸せだけを掴みに行くなんて、本末転倒でしかない。

本当の豊かさとは何なのか。


例えば、プロになりたいから練習を積むのか、ただ野球をしたいから練習をするのかでは、成長スピードも違えば、結果ももちろん異なります。

目標をどこに置くか、羅針盤を正確に置いているか、物事の要点を正確に捉え即実行に移せているか。

様々な出来事を「成長に役立つ思考」へと転換しているか。

私は、解釈の質を変えこれらのことを意識していくことで、行き詰っていたビジネスも飛躍的に加速していったのです。

何よりコミュニケーション能力が高まったことで、多くの方々との繋がりが増えました。

少しずつではありますが、私を応援してくださる方が枝葉のように広がってご紹介も数多く頂くようになり、さらには東京・愛知・大阪・兵庫など、各地から講演の依頼も舞い込むようになってきました。

あの時、師匠のセミナーに参加していなければ、

コーチングを受けていなければ、

確実に今の自分はいなかったであろうことは間違いないのです。

そして、今なお、進化し続けている師匠の背中を、私は必死に追い続けているのです。

コンサルタントとしての姿勢

起業してからというもの、まるで青木ヶ原の樹海から富士山の頂上を目指すような、そんな険しい道のりを、私はただひたすら歩み続けていました。時には裸足でいばらの道を、時には防寒着もないまま吹雪の中凍えながら冷たい雪道を歩き続ける。

そんな辛い日々の連続でした。


「そんなことは無理だ」

「やっていけない」

何人もの方から同じことを言われました。

長い間、なかなか日の目を見ることが出来ず悔し涙を流す中、それでもなんとか歯を食いしばってこれたのは、それでも私を信頼してくださっている方々のお気持ちや、必ず私を必要としてくださる、まだお会いしていない「未来のお客様の存在」。

また、挑み続ける強い父親の背中を息子に見せたいという想いが、ギリギリの時でも私を踏ん張らせてくれたのです。


さらには、教え子としての「自覚」と、名門校という外せない「看板」が、私を常に支えてくれました。


高校時代の青木監督から学んだ「思いやり」。

大学時代の山中監督から学んだ「自律」と「バランス」。

当時は、若気の至りからそれを素直に受け入れなかったり、本当の意味を理解出来ていなかったかもしれません。しかし、社会人になり曲がりなりにも経営者の端くれとして今日まで頑張ってきた今、二人の監督の教えを深く理解することが出来るようになりました。


野球は、私にとって今のコンサルタント業の縮図のように感じます。

プロジェクトの中では専門家それぞれに様々な役割があり、お客様をはじめ専門家が共に手を取り合って情報共有をし、勝利という目的の為に一致団結をする。

その中で、試合の流れ＝プロジェクトの流れを読み、場面場面においての選手起用（専門家起用）を行うのは監督業であり、まさにそれが「地主の参謀」の仕事なのです。

私の先を行く、多くの先輩経営者や各分野で活躍されている方々は、必ずと言っていい程質問上手です。そして、物事の本質や深さを心得ているので、選択を迫れた場面でも迷うことがありません。

すべて「即決」なのです。

サラリーマン時代に読んだ、大前研一さんの書に書かれていた言葉。

「人間が変わる方法は3つしかない」

「一つ目は時間配分を変えること。二つ目は住む場所を変えること。三つ目は付き合う人を変えること」

私はひたすらこの3つを実践しました。

特に三つ目の「付き合う人を変えること」で、視野も世界観も大幅に変わりました。

日常的に素晴らしい先輩経営者の方々とお付き合いをさせて頂いているのもこのこ

とからです。

私はこの先輩方からの多くの教えのもと、必ずそれを人付き合いの場やコンサルティングでも実践しています。

優秀な方々に共通する、質問力・スピード感・柔軟な発想力・情報や変化などを感じ取る「気付く力」など。これらの行動特性を持ち、第一線で活躍をされている方々に共通する「8つの〝さ〟」。

1. 敏感さ
2. 素直さ
3. 謙虚さ
4. まめさ
5. 誠実さ
6. 勤勉さ
7. 貪欲さ
8. 俊敏さ

ただ、これらの事柄を持ち合わせたから仕事が出来るというわけではなく、人の気持ちを汲んだり、未来を予測できる「先読みの力」を持ち合わせることで、仕事が良い方向へ進むのだと思います。言い表すならば「仕事が出来る出来ない」ではなく、「仕事が上手いか下手か」という表現が適切ではないでしょうか。

「仕事の上手い人」になる。

そして、常に念頭に置いているのは「自身がお客様なら？」ということ。

コンサルタントとは、技術を提供する職人でなければいけません。当然ですが、職人である以上、この技術を磨く為には生涯修養を続けなければいけませんし、自分しか持ち得ない独自のテクニックを編み出さないといけません。さらには技術を通して、「自分をどう表現するか」が求められます。

「この技術はどこに行っても買える」ではコンサルタントとしての意味がなくなるのです。

ないものを一から生み出し形にしてきた自負。

地主家系に生まれた人間としての熱い想い。

「ありがとう」

「松本さんに出会えて良かった」

お客様から頂いたこの言葉が、何より私を突き動かし続けてくれるのです。

第5章

金融機関では教えてくれない資産の守り方

立ち止まる勇気

相続対策に踏み出す前に最も重要なこと。それは、まず立ち止まって「現状を把握する」ことです。

この「現状の把握」は、相続対策においてとても重要なことなのですが、これを疎かに考えている方がとても多いように感じます。とはいえ、資産を守るために、つい目先のことに走ってしまう気持ちも理解できます。

老後の資金、受け継いだ資産のこと、家族や親戚関係、事業をされている方であれば今後の事業計画など、考える事柄は山積みです。そして、とにかく前へ前へと進むことばかり考えてしまうのもわからなくはありません。

私が講演するセミナーに参加をされた方の中にも、「先生、我が家は今のところ大丈夫です！　勉強会にも積極的に参加していますし、税理士も付いていますから。」と、なぜか得意満面に発言される方がいます。

そして、初めて個別相談に来られた方も、また同じことを口にします。

「特に心配事はないんです。

ただ、松本先生のお考えもお聞きしたく伺いました。」

しかし、いざフタを開けてみると、個人の感覚でバランス悪く講じた対策を目にし、唖然とすることが多々あります。さらには、専門家を付けているにもかかわらず、目を疑うような内容を目にすることもあり、同じプロとしてその無責任さに憤りすら覚えるのです。ただ、大抵の場合、すぐに軌道修正をすれば、最悪の状況は回避できます。

ところが、「専門家の方に任せたから大丈夫だと信じていました。」「プロに任せているはずなのに、収支が改善しないんです。」と、資産をすり減らし行き場を失った状態で、最終的に私のところへ駆け込んで来られる方もいます。

そのような依頼を受けた場合、直ちに各分野の専門家をフル動員し緊急対応しますが、ここまで来ると、軌道修正も至難の技。

なにより一度失ったものは、どんなに頑張っても二度と同じ状態では戻って来ないのです。

先祖から受け継いだ大切な資産を確実に次世代へ残す為にも、まずは現在地を把握した上で、ゴールを明確にしてみましょう。

そうすればおのずと、様々な方法が見えてきます。

なにより、そうすることで、多様なルートが見えてくる為選択肢が広がり、気持ちにゆとりが生まれるのです。

クルマに搭載するカーナビが良い例でしょう。例えば、東京から静岡へ行くとします。行き先を入力すると、一般道路、高速道路をカスタマイズし、裏道を駆使した効率の良いルートを数パターンも導き出してくれます。

さらには料金と所用時間まで教えてくれるという親切ぶり。この中から、多くの方は最短ルートを選ぶのではないでしょうか。

しかし、目的は様々。「とにかく早く到着したい。」という方もいれば、「時間はかかってもいいからドライブを楽しみたい。」、「たまには通ったことがない道を走ってみよう。」など、目的によってルート選択が分かれます。同じように、相続対策も現在地を把握しゴールを定めても、なにを優先するか？　なにを求めているか？　将来はどうなりたいか？　など、目的により答えは変わってくるのです。

私どもは、ご依頼を受けてからいきなりご提案に入ることはしません。お客様が「なにを求めているか？」を、じっくりとヒアリングしていくことからスタートします。お客様自身が気付いていないことや見えていない将来像を、いかにイメージしていただけるか。まずはそのイメージ作りを導き出すことが、プロとして大切だと思っています。

そして、そのイメージ作りに重要な役割を果たしてくれるのが、わかりやすい資料です。

サラリーマン時代にも感じていた、専門家による小難しい提案書と専門用語の羅列。私がお客様の立場であれば、読む気にもならないし聞く気にもならないでしょう。理解ができていない状態で、真の相続対策など到底不可能なのです。

お客様から、いかに理解・納得・安心を得られる環境を作るか。それには現状を「見える化」することが、とても重要となってきます。

まずはヒアリングに時間をかけ、現状を分析した上で答えを導き出す。これらの過程は、実際にかなりの時間を要します。

しかし、この時間こそが、「立ち止まる」ことなのです。その間、私どもは、案件により必要な各分野のエキスパートを動員し、熟練したテクニックを駆使しながら、お客様に合った最適解を弾き出します。

稀に、この作業をご自身で試みる方もいらっしゃいますが、もし成功した暁にはお申し出くだささい。スタッフとしてぜひお迎えしたいと思います。そして、当然のことながらまず不可能です。

それ程までに、ハイレベルでありハイスペックが求められるからです。

自身のことは自身が一番気付いていないものです。何事もすべて自分でやろうとせず、他力を上手く借りることが賢い方法ではないでしょうか。そして、力を借りる先の選択も誤らないようにしたいものです。

本書では、当社が長年の経験により編み出した「現状分析書」の一部を特別に公開します。この現状分析書により、今まで見えていなかった事実が判明し、資金の流れがわかりやすいと大変ご好評をいただいています。

「急がば回れ。」

先へ先へと急がず、まずは立ち止まってみましょう。その立ち止まる勇気が、結果、最良の道を導き出し、明るい未来を切り開いてくれるのです。

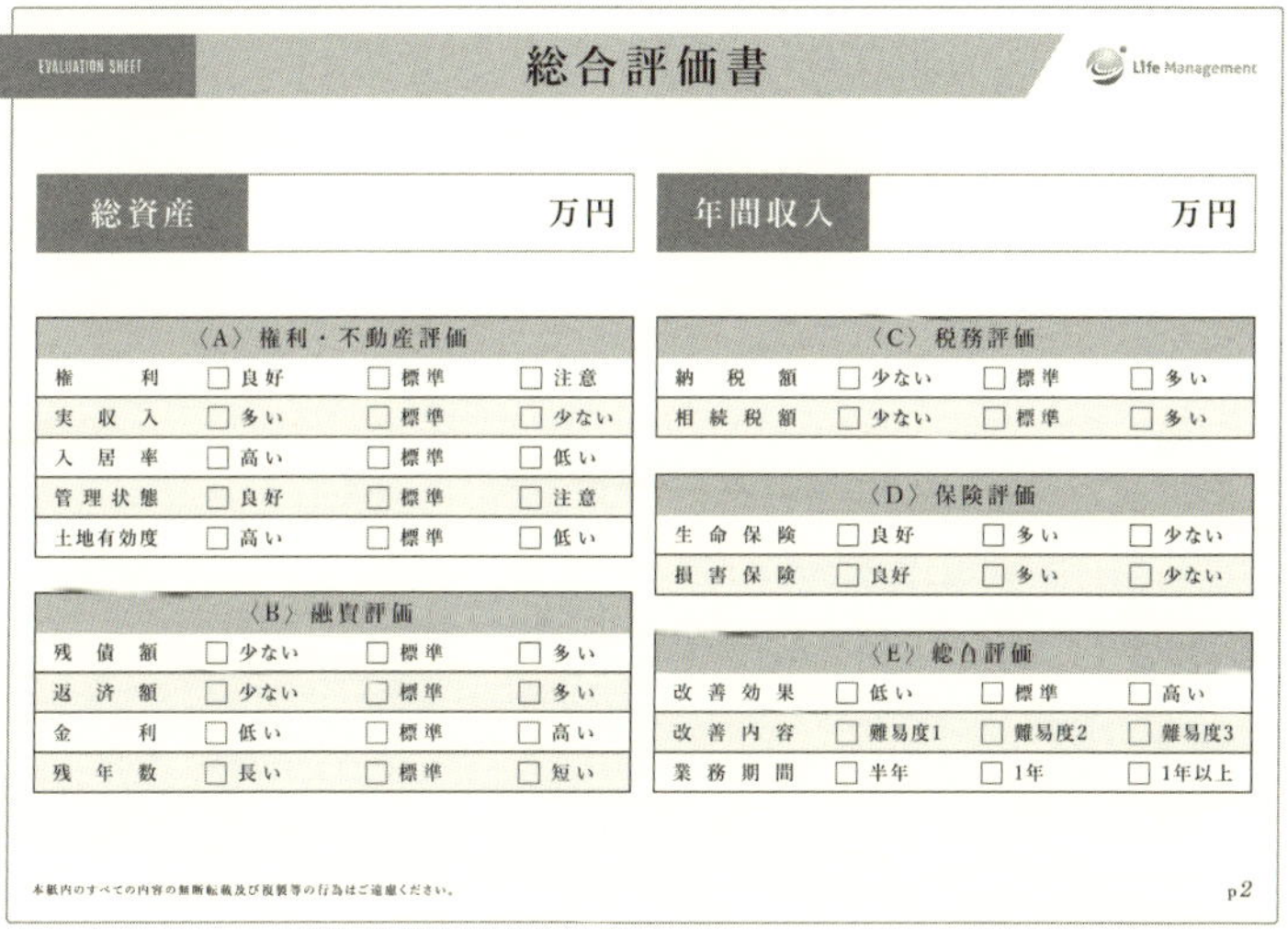

EVALUATION SHEET

総合評価書

Life Management

総資産	万円	年間収入	万円

〈A〉権利・不動産評価			
権　　利	□良好	□標準	□注意
実　収　入	□多い	□標準	□少ない
入　居　率	□高い	□標準	□低い
管理状態	□良好	□標準	□注意
土地有効度	□高い	□標準	□低い

〈B〉融資評価			
残　債　額	□少ない	□標準	□多い
返　済　額	□少ない	□標準	□多い
金　　利	□低い	□標準	□高い
残　年　数	□長い	□標準	□短い

〈C〉税務評価			
納　税　額	□少ない	□標準	□多い
相続税額	□少ない	□標準	□多い

〈D〉保険評価			
生命保険	□良好	□多い	□少ない
損害保険	□良好	□多い	□少ない

〈E〉総合評価			
改善効果	□低い	□標準	□高い
改善内容	□難易度1	□難易度2	□難易度3
業務期間	□半年	□1年	□1年以上

本紙内のすべての内容の無断転載及び複製等の行為はご遠慮ください。

p2

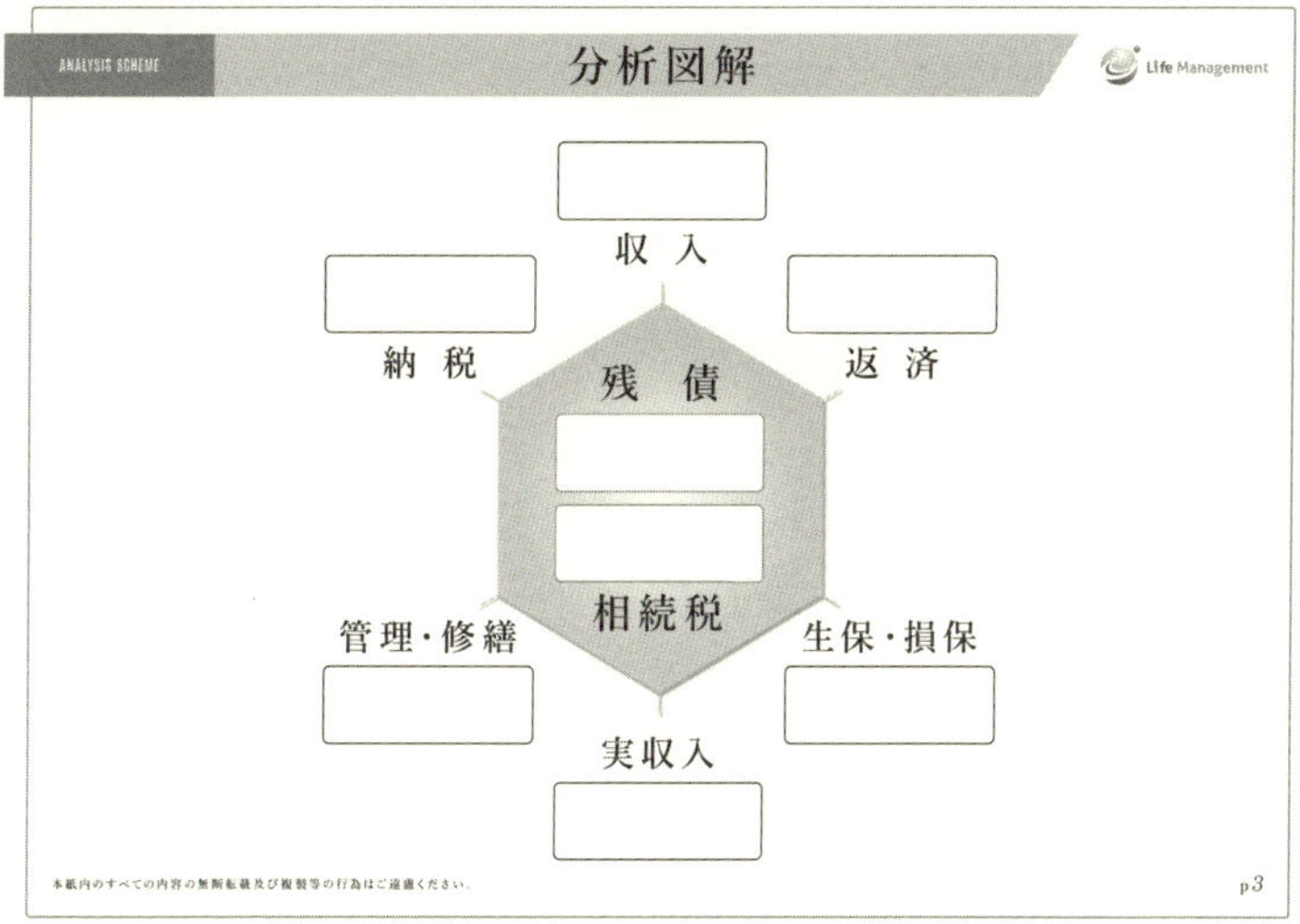

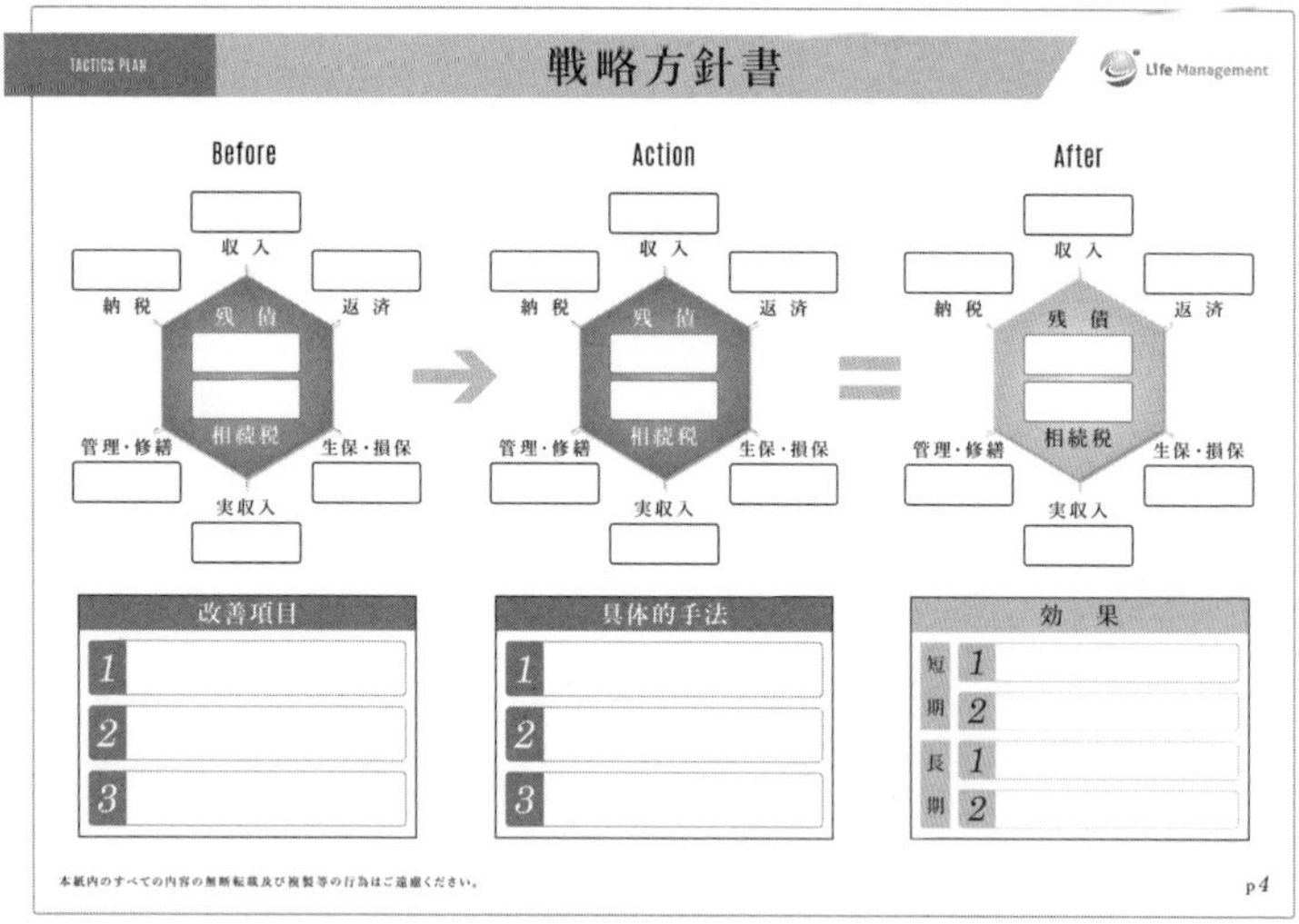
TACTICS PLAN
戦略方針書
Life Management
Before
Action
After
収入
納税
返済
残債
相続税
管理・修繕
生保・損保
実収入
改善項目
具体的手法
効果
短期
長期
本紙内のすべての内容の無断転載及び複製等の行為はご遠慮ください。
p4

目線を変えることで生まれる気付き

快晴の空の下、ゴルフ場のティーグラウンドに立つと、とても清々しく気持ちが良いものです。

ゴルフをする方であれば、大自然の中でプレーをするこの爽やかな感覚を楽しまれる方も多いでしょう。

皆さんは、第一打目を打つティーグラウンドからグリーンまでの景色、そしてグリーン上からティーグラウンドの景色を見比べたことがありますか。

ティーグラウンドから見たコースは、ＯＢエリアや池等が視界に入ったりすることで、狭く見えたり曲がって見え、難しく感じるものです。

おまけにプレー中は、次の地点にしか目が行かない為、全体を見渡すことがありません。

ところが、グリーン側からティーグラウンドを見ると、思っていた程狭くなかったり、曲がっていると思っていた景色が真っ直ぐだったり、「あれ？」と思った人も少なくないでしょう。

「なんだ、さっきと景色が全然違うじゃないか」

実は私もゴルフ場へ行くたびにこのことを感じています。

つまりは、何事も目線を変えることで、同じ景色でも見え方や気付きが変わってくるということです。

例えば、セカンドショットの地点からティーグラウンドを振り返ってみるのも良いでしょう。そうすることで、新たな攻略法が見えてくるかもしれません。

同じように、相続対策も目線や立ち位置を変えることで、別の方法を発見したり、難しいと思っていたことが意外に簡単だったり、遠かったゴールまでの距離が短く見えたりするものです。

少し目線を変えるだけで、選択の幅が広がり、最良の解決策を生み出すことが可能

重要な3STEP

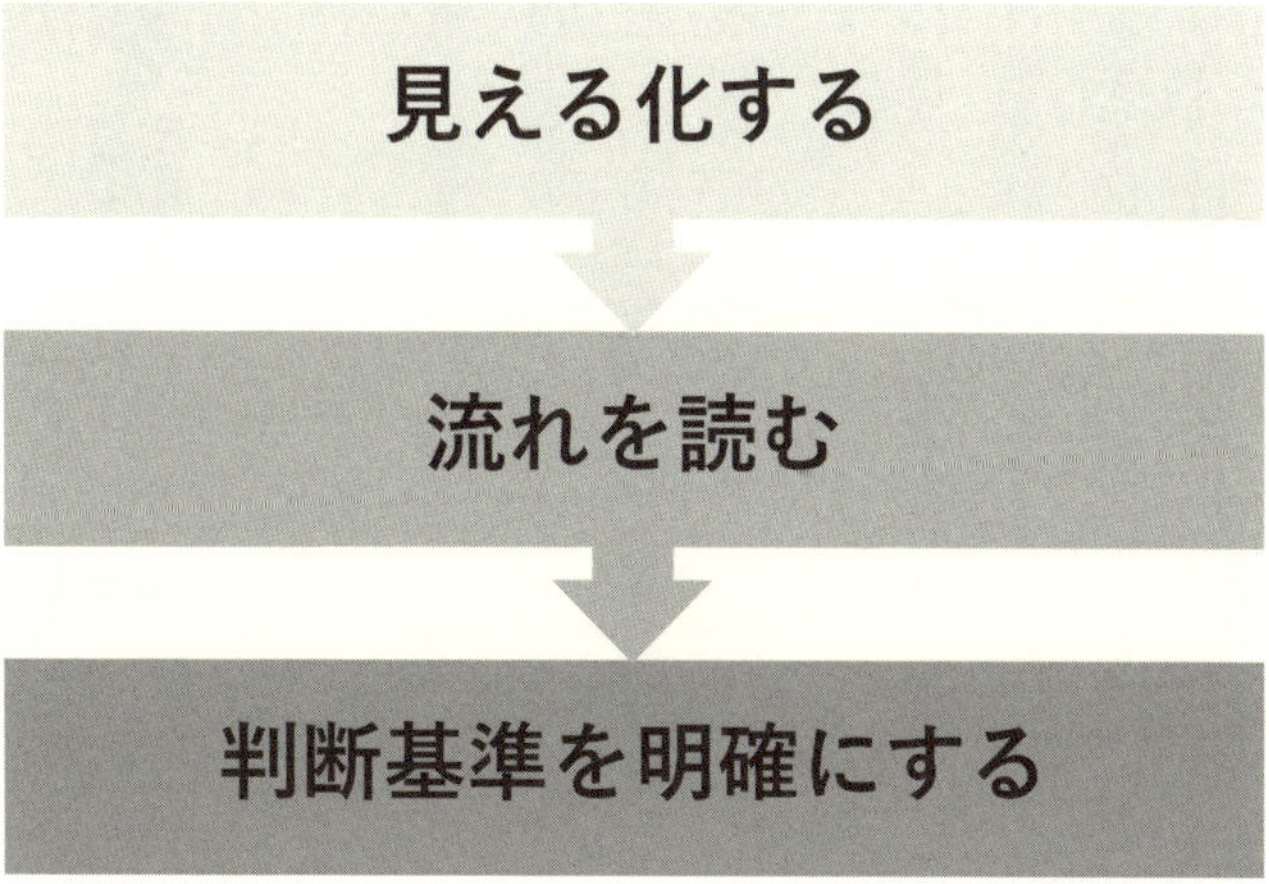

となるでしょう。

まずは、①見える化を行い↓②流れを読み↓③判断基準を明確にする。

相続対策を行う上で、私は常にこの3STEPを踏むようにしています。

流れを読む

相続対策を行う前に、まずは「人・モノ・お金」の流れを読むことがポイントであると、私は商談の場やセミナーなどで常々お伝えしています。なぜならこの3つの流れを把握しているか否か、またその流れをどう活かすかによって、手段も変われば効果も異なるからです。

まず一つ目の「人」。地主家庭が代々守ってきた土地や資産は、先祖から子孫へと脈々と受け継がれていきます。そして、この「家」の流れをひと目でわかるようにしているのが家系図です。家系図からは、婚姻などによる人の出入りや相関図が見て取れるでしょう。自分が生まれた「家」は、どのような方々の、どのような想いのもとに存続してきたのか。また、長い年月を経て何をどのような方法で大切に守ってきたのか。本当に大切なものは日に見えませんが、「家」の流れを知ることで、先祖の想いや志が見えてくるのではないでしょうか。そして、これらを意識し理解しているかどうかで、相続対策への心構えも違ったものになるのです。

二つ目に「モノ」。日本には戸籍制度というものがあり、国民ひとりひとりに戸籍があります。その戸籍には、出生地・本籍地・名前・婚姻などの情報が登録されています。さらには本籍地の移動などによって情報が変更した場合にも、その事実が記載されます。

同じように不動産にも登記簿謄本というものが存在します。不動産取引の上で必ず目にするこの書類には、土地の所在地や面積、その他、田・畑・宅地・公園・水道用地といったように利用目的を表した地目、構造などが記載されています。さらには所有権や担保権が記載されており、相続や贈与といった事実までをも知ることが出来るのです。つまりは、この登記簿謄本により、権利の移り変わりを知り、その土地の情報を読み解くことが可能となるのです。

そして三つ目の「お金」。安定的な家賃収入を得る為に、先祖から受け継いだ土地を有効活用したり、もしくはこれからそれを検討しようとしている地主さんも多いのではないでしょうか。しかし、全体的なキャッシュフローを把握せず、ただやみくもに対策を打ち出すのはリスクが伴いますし、最悪の場合すべての資産を失いかねないことにもなるでしょう。

皆さんにはぜひ「地主は経営者である」ということを意識していただきたいのです。経営者目線に立ち、キャッシュフローを把握することで、物件ごとの見え方が変わります。そのことにより、支出の削減や節税への流れを作ることもでき、さらには所得の増加も可能となります。当たり前のことなのですが、このキャッシュフローの把握を後回しにし、目先のことにとらわれてしまう方が多いのです。

皆さんも相続対策を始める前に、まずこの「人・モノ・お金」の流れに着目し、現在の状況をしっかりと把握してみましょう。すると、判断基準に変化が生まれ、明確な未来像が見えてくるでしょう。そして、この判断の質を高める為には、現在だけではなく、過去を受け入れることも大切だと言えるのではないでしょうか。

野菜炒めに不可欠な油のような存在

不動産鑑定士、税理士、司法書士、住宅メーカー。

相続対策を進める時、皆さんはまず相談先探しから始めるでしょう。

ここで知って頂きたいのは、どの先でも、担当した人間の力量次第により、提案が変わってくるということです。

例えば全く同じ食材を使っても、料理人によって調味料や材料を入れるタイミング、量等が異なります。もっと言うなら、火力や調理時間すら異なるでしょう。すると、味に違いが出てくるのは皆さんも想像がつきますね。

ただそれらは、どちらが良いという訳ではなく、最終的な判断は相性（好み）になるでしょう。

しかし、枠にとらわれず、創意工夫に富んだ料理人は、食材からこだわり、これまでになかった食材同士を掛け合わせたり、盛り付ける器にもこだわることで、新たな創作料理を生み出し私たちの五感を満足させてくれます。

相続対策も同様に、どのタイミングでどの方法を用いるか、どのような方針でプロジェクトを進めるかなど、担当者によりプロジェクトの進行が異なり、場合によっては結果も大きく変わってくるのです。

皆さんは、コンサルタントと専門家の違いをご存知でしょうか。

コンサルタントとは、「複数の領域における知識・技術・技能を有し、横断的に業務を推進させる人物」のことを言います。

対して、専門家は「ある特定分野において、高度な知識・技術・技能を有した人物」を言います。

コンサルタントと専門家の違い

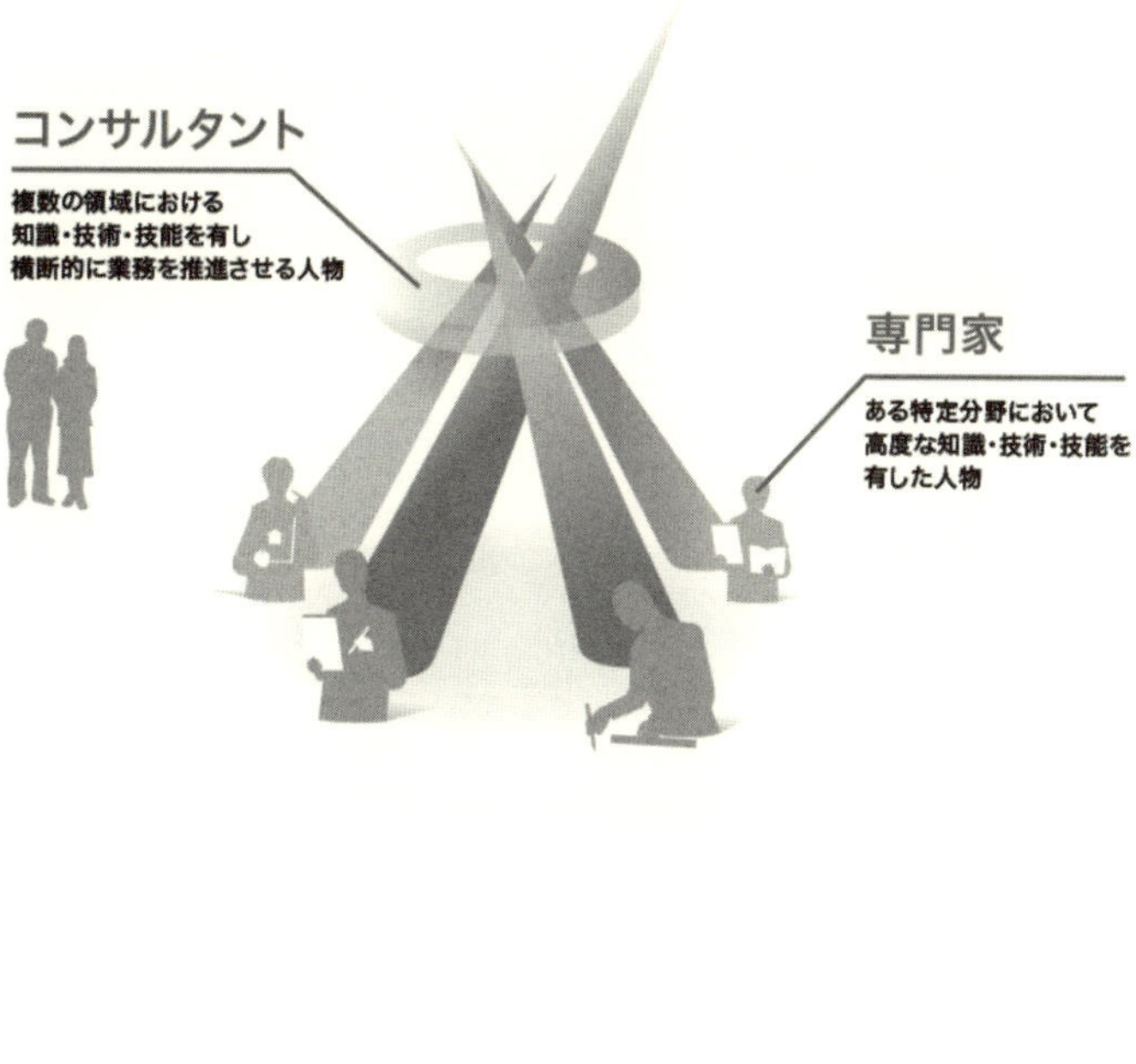

当社の強みは、税理士・司法書士・不動産鑑定士・弁護士・不動産会社・建築会社・金融機関等の各専門家を取りまとめ、プロジェクトごとにチームを組み、実行、支援を行うワンストップ体制です。

つまりは、私達コンサルタントが、①「中立公正な立場で専門家の意見を集約」し、②「同じ志を持つ専門家のネットワークを駆使」しながら、③「全てを取りまとめ」ているのです。

このことにより、年間返済額480万円の軽減、相続税額8700万円軽減、3400万円の相続税還付に成功、など、実に多くの成果を生み出しています。

ワンストップ体制による抜群の成果

年間返済額
480万
軽減

年間納税額
960万
軽減

相続税額
8,700万
軽減

相続税額
3,400万
還付に成功

収益不動産
6,000万
高く売却

数種類の彩り鮮やかな野菜がフライパンの中で滑らかに踊り、素材に万遍なく調味料が行き渡る為に必要な油の存在。

シャキッと香ばしく色鮮やかな仕上がりに、人は舌鼓を打ちます。

相続対策にも、このように創意工夫をこらしたプロジェクトの構成が必要です。

他社にはない持ち味を生かし、時代の進化に合わせ新たな創造を生み出す相続対策。

家族関係の調整やお客様と専門家の関係、さらにはその専門家を上手く取りまとめる等、相続対策を円滑に進めていく為には、この「野菜炒めの油のような存在」が様々な場面で必要であり、それが私の役割だと常々考えているのです。

一般的な場合

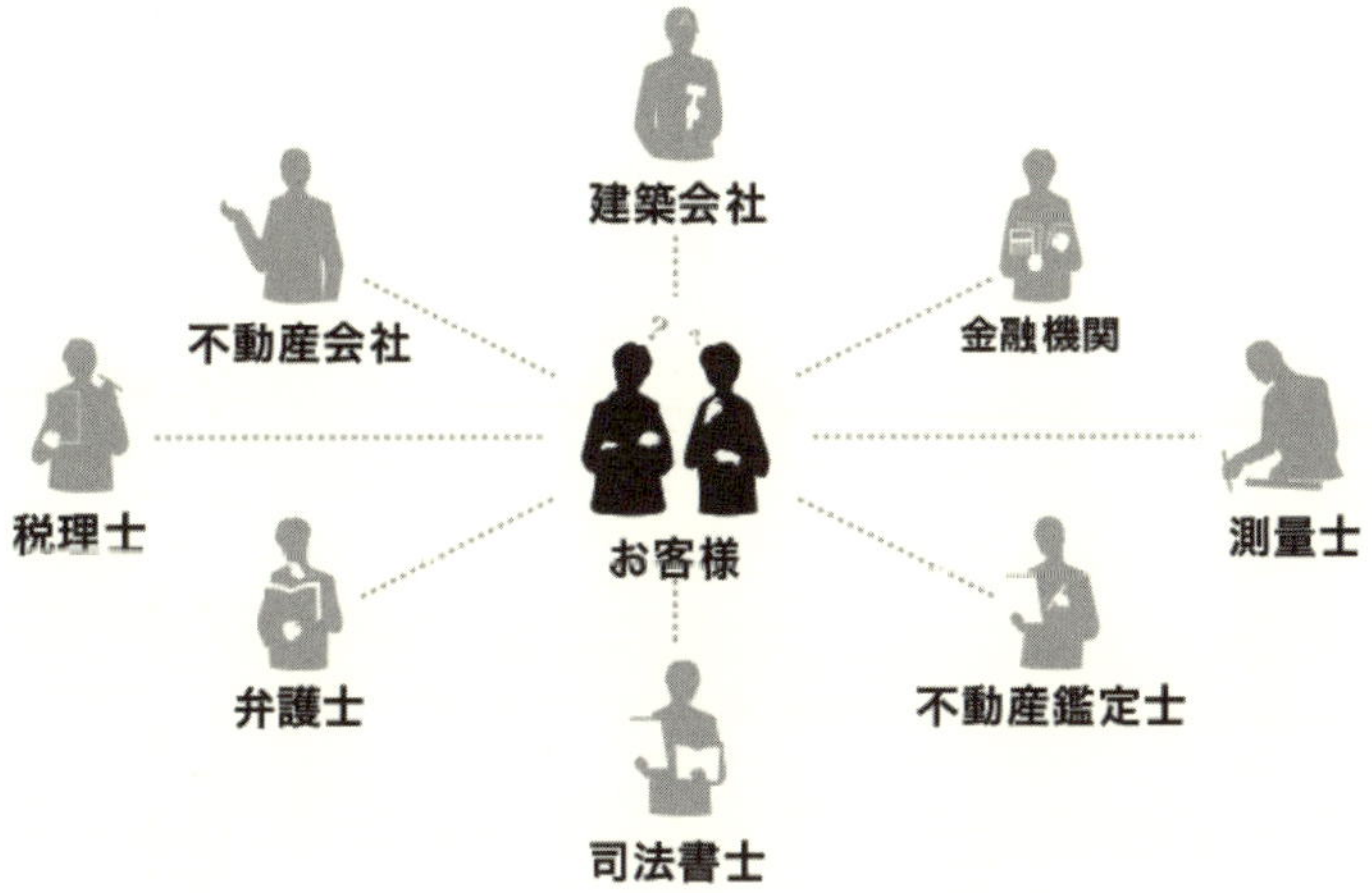

ご依頼いただいた場合

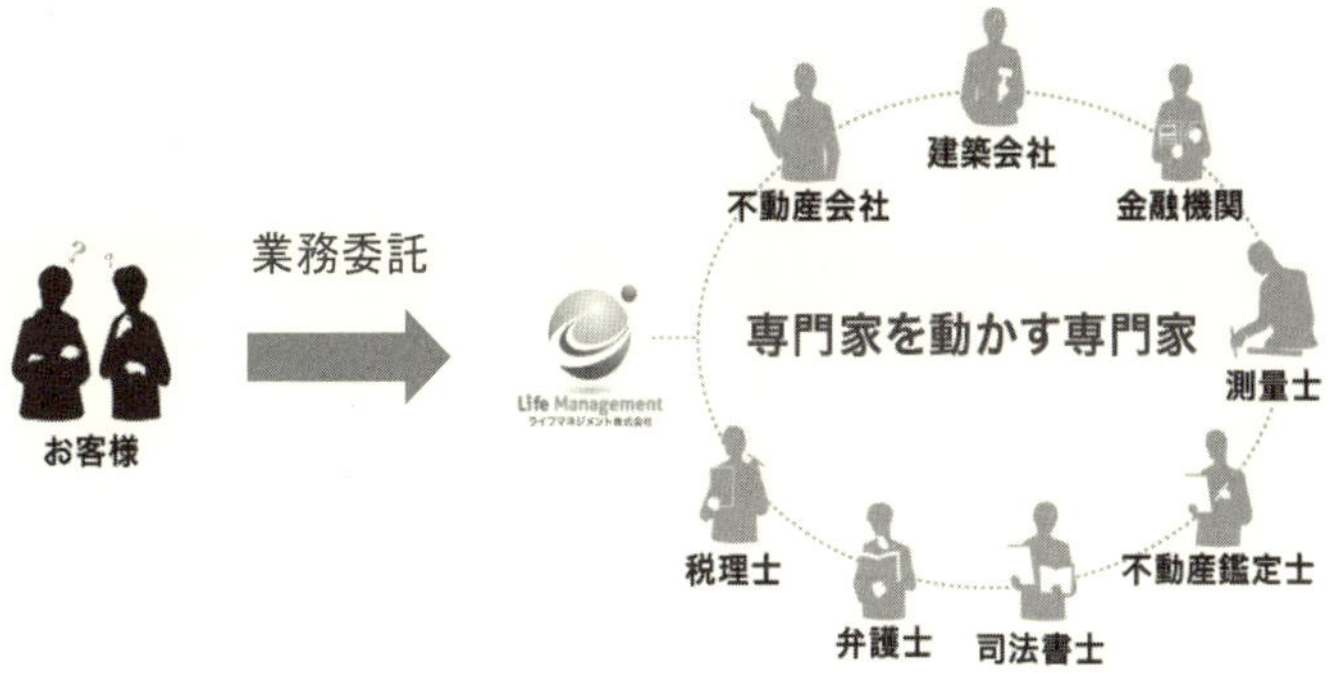

地主に欠かせない財務という視点

地主の皆さんにとって一番の大きな悩みは、相続の問題ではないでしょうか。

一般的に相続対策には、「分割対策」「納税対策」「節税対策」の3つの対策が必要だと言われているのですが、私はこの中に隠れている、あるもうひとつの重要な対策に着目しました。

それは中長期的な視点で見ていく**「財務対策」**です。

財務という視点抜きに相続を考えてしまうと、「相続税をどうしたらもっと節税できるか」ということばかりにとらわれ、本来の目的まで到達出来ない可能性があるのです。

一般的に言われる相続対策

1.分割対策
2.納税対策
3.節税対策

例えば、よく目にするのが、「節税になるから」と勧められるままに、必要のない保険にいくつも加入してしまっている例。

たしかに節税にはなるのかもしれませんが、これでは毎月毎月お金が出ていくばかりで本末転倒になってしまうでしょう。

節税の方法は保険だけではありません。相続というもっと大きな括りで考えれば、違う方法はいくらでもあるのです。

そして、最適な方法を見つけるためには、先に述べた「財務」という視点が重要になってきます。

そこで私は、先に挙げた一般的な3つの対策とは別に、ライフマネジメント独自の**「真の相続対策」**を編み出したのです。

- **法務対策……遺産分割、遺言、後見人など**
- **税務対策……相続税、固定資産税、所得税など**
- **財務対策……キャッシュフロー、収支管理、資金調達など**

聞きなれない言葉かもしれませんが、これらは実に本質を突いています。

「法務対策」にはまず、遺産分割があります。どの遺産を誰に渡すのか、争いごとが起こらないように、遺恨を残さないようにしなければいけません。

その為には、資産の全体像をしっかり把握し、誰に何を相続させるかを決め、しっかりと遺言書として残しておくことです。

遺言書として残しておくことで、皆さんに万が一のことが起きた時でも安心ですね。

また、遺言の他にも、資産の所有者がすでに高齢であれば、後見人制度を活用するなども対策として含まれます。

真の相続対策とは?

次は「税務対策」。

つまり相続税や固定資産税などの納税資金や、その節税について考えます。

たくさんの不動産を所有する地主の遺産相続には莫大な相続税がかかります。

さらに、相続税の他にも、毎年発生する固定資産税、所得税も納付しなければならず、納税の為の資金を準備する必要があります。

現金を用意する、生命保険金で支払うようにする、賃貸物件の家賃収入を充てる、などの資金の準備とともに、納める税額をなるべく安くする節税についても並行して対策を実行してく必要があります。

最後が「財務対策」、言い換えれば、経営をするということです。

経営さえしっかり出来ていれば、子供達も安心して資産を受け継ぐことができるのです。

一般的に財務とは、次の3つになります。

①資産、負債、損益、キャッシュフローの管理

② 事業やプロジェクトの収支管理
③ 資金調達および調達した資金の運用

地主の皆さんが次の世代へ、そしてまたその次の世代へと資産を残していく為には、収支をプラスにするという意識を強く持つことが大切です。

収支がマイナスだとお金が入ってこない為、相続税が払えず、資産を手放すことになったり、たとえ資産を手放さずに済んだとしても、マイナス収支の資産を受け継ぐ、皆さんのお子様やお孫様が大変な思いをするのです。

収支をプラスにする為には、言うまでもありませんが、収入を増やし、支出を減らすこと。

そして最終的には、支出より収入の方が多いという状況を作ること。

支出より収入を多くする際に、特に重要なのが、キャッシュフローの管理です。

キャッシュフローとは、どこからお金が入ってきて、どこへお金が出ていって、いくら手元に残るのかを管理するということです。

では、地主の皆さんの収入と支出の源には、どのようなものがあるか見てみましょう。

収入と支出には、どちらも一時的なものと継続的なものがあります。

例えば、一時的な収入には、不動産を売却した時に得られるお金や、保険の解約をした時に受け取れる解約返戻金などがあります。

継続的な収入には、入居者から毎月もらう家賃、駐車場の収入などが挙げられます。

一方、一時的な支出には、不動産を購入したり、建物を建てたりした時に支払うお金、相続時に発生する相続税などがあります。

継続的な支出には、毎年かかる固定資産税、借入のローンの返済、生命保険や損害保険の保険料などがあります。

これらの収入と支出を合算して、収入が支出を上回るようにする。これが財務対策

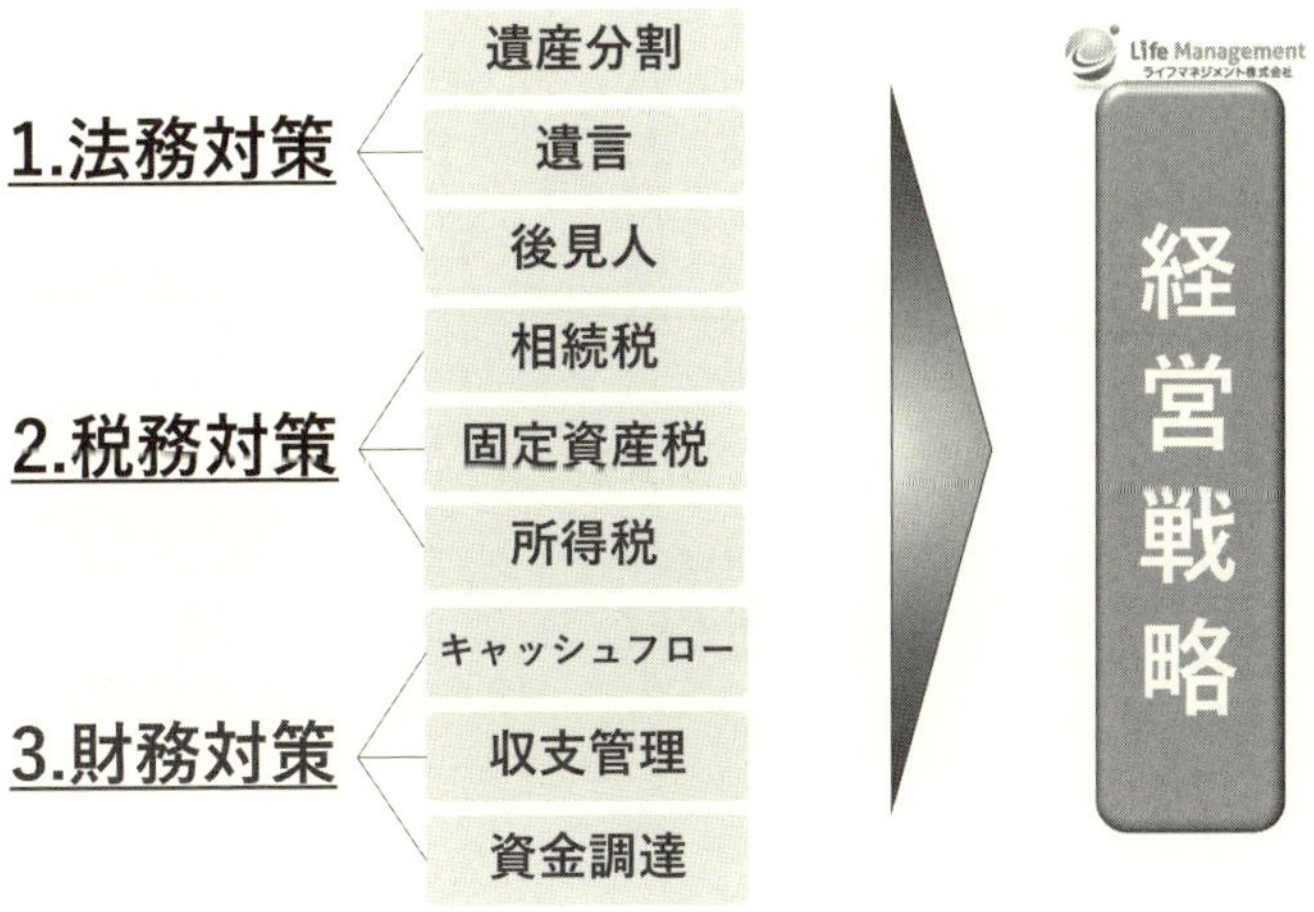

なのです。

そしてこのことにより、キャッシュフローが上手く循環すれば、様々な選択肢が増え、相続対策の可能性が広がっていくのです。

私が提唱する、当社独自のこの**「真の相続対策」**は、まだ世の中では着目されていませんが、近い将来、必ず当たり前になる時代がくるでしょう。

そして、お客様のニーズにいち早く対応できる、業界の新たな価値創造として根付いていくことを期待します。

税理士は最大の敵であり、最大の味方である

「税理士先生に言われたので」

またか……。

このようなお客様のお声を耳にするたびに、私はため息が出ます。

皆さんは税理士の本来の仕事をご存知でしょうか。

ここで知って欲しいのは、税理士の主な業務は税務の申告が中心＝「税金の専門家」であるということです。

例えば、A先生は全ての案件をひとりで対応し、B先生は案件により専門ごとにパートナーへ任せる。同じ税理士業であっても、明確に分かれる顧客対応ですが、皆さんならどちらへ任せますか？

本当にお客様のことを考えるなら、B先生の対応がプロとして真摯な対応であると言えるでしょう。

雇用問題や助成金、資金調達のこともあれば、相続問題や土地の有効活用、権利調整など、税理士の本業の傍ら生じる多種多様な相談は、大変なボリュームではないかと思います。

会社経営者や確定申告などを依頼する顧客側からすれば、日頃の資金の動きを把握している税理士へ相談しやすいというのが実情ではないでしょうか。また地主の方も、まずは税理士に相談してみよう……となるわけです。

そして、そんな時、きっと税理士は「お任せください」と言ってくれるでしょう。でも、何をどうすればいいかわからない顧客に対して、実情を調べないまま、そのような対応をするのは決して真摯であるとは言えません。なにせ、私たちの目の前には、「相続」という、ひとかたまりの大きな問題が転がっているわけですから。

また「手がけた件数が多い＝腕がいい」とは限らないので、この点にも注意をしてください。

実績があるにもかかわらず、なぜ相続税の過払いが発生するのでしょうか？

それは、適正な税額で相続税申告がなされていないケースがあるからです。

相続税は自主申告である為、多めに申告していてもそのまま処理されてしまうので、そうならないようにするには、過払いが発生しないよう専門家が適正な価格を算出する必要があるのです。

もし、相談した税理士が相続や不動産の知識が十分ではないとしたら、相続税額が高く算出され、過払いになっている可能性があります。

過払いがあれば還付されるとはいえ、もし土地を売却して得たお金で税金を払っていたとしたら……、その売却した土地は、もう戻ってはこないのです。

私がこれまで関わったケースでも、過払いをしている地主の方が何人もいらっしゃいました。

たまたま相続のことに話が及んだとき、「親から土地を引き継いだら、○億円の相続税を支払った」と言うのです。

「もしかして……」

そのいきさつを聞いているうちに、私は疑問を感じ、土地の評価をし直したところ、明らかに過払いをしていたことがわかり、還付請求をして数百万円、数千万円の還付金があった例もあります。

過払いであれば後で還付できますが、実はもっとひどい事例があります。

そのご家庭は、ある金融機関から紹介された税理士へ相続の手続きを任せ、相続税を納めました。そこまではよかったのですが、後から相続税の申告にミスが見つかった為、修正申告をすることになり、追加で８００万円を越える納税をしなければならなくなりました。

すでに数千万円の相続税を納めた後の８００万円は相当重たいもので、手元資金がない状況でどうすることもできず、結果的に金融機関が自宅を担保にとって融資を受けて、なんとか支払うことができたそうです。

申告ミスをした税理士もそうですが、その税理士を紹介した金融機関も大いに問題です。またそこにいたっては融資をして金利で利益まで得ているのですから、実におかしな話です。

税理士というのは、税理士資格を保有していると言えど、得意分野も様々なのが現状です。

お医者さんが内科や外科や小児科などそれぞれの分野に分かれているように、税理士もそれぞれ得意分野が分かれているのです。

このようなケースは、申告書に目を通すのが、税務署と税理士本人に限られるがゆえに発生したミスであると言えるでしょう。

皆さんがこれから相談する相手を選ぶ際に気を付けて頂きたいのは、相続税の申告を数多く手がけている税理士だから任せても大丈夫、という「先入観」を捨てるということ。

手がけている件数に比例して腕がいい、とは言えないのです。

一人の税理士がこなせる件数は限られます。その為、大抵部下に任せることで、とにかく件数をこなし、その実績をアピールすることでさらに案件を獲得する。

私の周りにも優秀な税理士はたくさんいます。

人格的にも尊敬する、ある素晴らしい税理士が、最近私に話してくれた言葉がとても印象的でした。

「過去を整理するのが税理士の仕事で、未来を予測するのが松本さん達の仕事。これからの時代は、お互いに手を取り合っていくことが重要ですね」

また、あるベテラン税理士はこのようにおっしゃっていました。

「俺たちにはそんなことわからないよ。**だって専門外なんだから**」

優秀な方ほど、**「わからないことはわからない」**とハッキリ正直に言います。

そして、それがプロとしての本来の姿勢でしょう。

本来、私どもの仕事は税理士と手を取り合うことで「最良の選択」が可能となります。

しかし、なかなか思うようにいかない現実。

まさしく私どもにとって、**「税理士は最大の敵であり、最大の味方である」**のです。

支払った相続税が戻ってくる？

先に述べたように、還付額の大小はあるものの、やり方次第でのちに税金が戻ってくることは、決して珍しいことではありません。

例えばあるご家族は、５億円を超える相続税を納めましたが、その後専門家が付いて申告し直した所、２億円以上もの還付があったという事例があります。

通常相続税申告は、相続が発生してから申告までの10ヶ月の間に、税理士が相続財産を集計し、遺産分割の協議をした上で申告書を作成するのですが、実はその際の相続税の算出技術にポイントがあるのです。

実際に相続税還付に特化した税理士事務所では、実に相談者の70％が還付に成功し、年間４００件以上の実績を上げています。

そのうち訪れるであろうその時の為に、誰に任せるかの選定は、とても大切なファーストステップとなります。

また、賢く納めるだけではなく、売って、借りて、建てて、確実に遺す。状況全てを把握した上で、各専門家を取りまとめるハイブリッドシステムの必要性。様々なプロジェクトに関わる中で、これら「人と時間」を味方に付けることが、「賢い選択」であると実感しています。

いつかは訪れる建物の最後

建物は古くなり、いつか朽ち果てる時が来ます。

いつか必ず対策を講じる必要があるのに、放っておき買い手のつかない古びた物件を子供に渡す。

その先で将来困ることになるのは、間違いなく相続後の所有者である、皆さんの大切なお子様やお孫様です。

そして、相当の年数が経過している状態の物件を相続することにより直面する、修繕や入居者問題などの様々な問題。

そのような数々の事例を見てきている身として、〝建物の将来を想像し、いつどう対処すべきか〟は、現在の所有者である皆さんが考えておくべきことであり、それが後世への責務ではないかと思います。

賃貸マンションなどでは、解体にしても修繕にしても何千万単位の費用が発生します。それを予測し、建て替え時期や売却期間を考えることがとても重要となるのです。仮に収益売却をする場合、買い手側から考えると借入期間が長く組めるかどうかが、大きなポイントになってきます。

借入期間が15年なのか25年なのか？

まさに「追われて売る」のか、それとも「仕掛けて売る」のか……。

会社経営に比べ不動産は物体が目に入る為、今後直面するであろう問題を予測しやすいものの、それが生じるまでは後回しにされるケースがとても多いように感じます。

少し先を見て想像することにより、様々な問題を未然に防ぐことが出来、そうした早めの対策が健全経営への第一歩となるのではないでしょうか。

賃貸物件を建て替えるのか？

それとも売るのか？

その時期はいつ頃が相応しいのか？……など、

なんとなく動き出す前に、まずは現在地を把握することが、その後の明るい未来と、ご家族がより豊かな人生を歩まれる一歩となることでしょう。

難しい大型不動産を3割高く売る極意

日常生活において、一般的に売り買いされる物には、大抵価格が決まっている物が多いと思います。では、いつも皆さんが口にしている身近な食料品に視点を置いてみましょう。

例えば肉や魚などは、収穫の時期や年によって変動＝時価になっていることが常識となっていますね。

またミネラルウォーター1本を取っても、近所の自動販売機で売っている価格と、山頂の自動販売機の価格はイコールではありません。

では、この現象はなぜ起きるのでしょうか。

皆さんもご存知のように、市場経済におけるサービスや品物の金額は、買う側が欲しい量（需要）と、売り手が売りたいと思う量（供給）のバランスで決定していきます。

つまり、肉や魚、ミネラルウォーターの事例は、この需要と供給によってもたらされている現象であり、ごく自然な現象と言えるでしょう。

以上のことを踏まえ、次にこれを〝不動産の取引（価格設定）〟に置き換えてみましょう。

例えば、駐車場を売却しようとした場合、多くのケースでは、相談を受けた不動産会社がまず査定を行い、その査定額に基づいて売却価格を定めます。

そしてその査定額は、対象物件周辺の過去の取引事例などを参考にしながら算出されるのです。

そう、ここで賢明な皆さんなら、先程の食料品の事例と照らし合わせ、この不動産取引のおかしな現実に気付かれたことでしょう。

〝需要と供給のバランス〟は、一体どこへ消えたのでしょうか。

その物件の価値を、いつ誰がどう感じるのかわからないのに、そもそもこの売却のタイミングで価格を定めてしまってもいいのでしょうか……?

理屈はわかったものの、一体どのように価格を決めれば良いのでしょうか。

先にも述べたように、売却物件周辺の過去の取引事例や、現在売りに出ている類似物件の価格から、査定額を算出します。

そしてその算出により、仮にある物件の価格を2億円と定めたとします。しかし、実際はその価格を超えた取引はまずあり得ません。

なぜなら買い手が、わざわざ販売価格よりも高い価格で購入しないからです。

自分が購入する立場で考えたら、至極当然の感覚ですね。

しかも、売り主と買い主の希望条件を調整し、合意に至ったときに初めて価格が確定する為、当初開示した価格よりも低い価格で売買締結する可能性を、十分念頭に入れなければいけません。

ではここで、価格を決める前に、興味を持ちそうな企業・団体へ、誘致ヒアリングをした場合はどうでしょうか。全ての対象が興味を持つことはないにしても、ニーズによりその不動産に興味を示す方が現れるのです。

買い手にとっての投資パフォーマンスを最大化するソリューションさえあれば、個人規模では難しいことでも、事業規模で考えた場合、効率的で効果的な手法と言えます。

〝最も求めて下さる方を、最良の方法で探す〟

ある方にとっては2億円の価値であっても、ある方にとっては2・3億円の価値になるのです。

大型不動産を高値売却する3つのステップ

大型不動産に限らず、不動産を所有している方であれば、とても興味を引く大きなポイントではないでしょうか。

区分のマンションや戸建てなどの住居用不動産の場合はあまり参考にならないかもしれませんが、駐車場や賃貸マンション、テナントが入るビルなどを所有されている方にとって、これはきっとお役に立つ情報となるでしょう。

ではまずひとつの例として、所有している大型の駐車場を売却することにしたと仮定しましょう。あなたがその土地の購入を検討している不動産業者の場合、どのようなポイントを気にするでしょうか？

実はこの〝気にするポイント〟は、事業ベースで見るのと、個人ベースで見るのとでは少々異なってきます。

もちろん不動産会社は売買の交渉に慣れており、また知識も豊富な専門家である為、下記のような様々な視点から総合的に判断していくでしょう。

①境界は確定しているか？
②何棟建てられるのか？
③地区協定などはないか？
④道路の入れ方は？
⑤地盤が弱くないか？
⑥土壌汚染は大丈夫か？
⑦近隣にどのような方が住んでいるのか？

あなたが売主になり、しかもより高値での売却を希望するのであれば、あなた自身が誠実であり、責任を持ち、さらには確実で信頼性のある取引であることなどが、往々にして求められるのです。

〝買主（不動産会社）の不安を可能な限り取り除く〟

あなたがその意識を高く持ち、買主が納得し安心して売買契約が締結する為に、

①徹底した準備 → ②絶対的な営業活動 → ③競争原理の活用

この3ステップが、不動産の高値売却を現実化していく上で重要になるのです。

では、この3ステップについて、具体的な取り組みや事例についてお話していきましょう。

実際の不動産取引が行われる際に、対象不動産の価値を最も高く評価するのは、個人の方もしくは法人企業のどちらだと皆さんは思いますか？

まずは対象不動産や隣接した不動産の徹底した調査はもちろんのこと、どのような企業がどのような理由で興味を持つのか？

また、より価値を感じてもらえる要素はどこにあるのか？

様々な角度から多角的に検証を行い、その不動産の価値を最大化させる工夫と、営

業戦略がとても重要になってきます。

しかしながら、通常の取引では動き出す前のこの戦略作りが、確実に不足しているケースが多いのです。

通常売却価格の算出は、主に過去の近隣での成約事例などをもとに、価格を定めて売りに出すケースがほとんどでしょう。

過去に500坪の駐車場を売却した事例では、買付（購入申込み）が8本入った中で、1位と8位では、なんと坪当たり10万円以上もの開きが生まれました。

実際にこの時も、入札前に約100社へのヒアリングを行い、その中で上位数社が入札に参加し、2回戦を行った結果、相場より30%も高い成約となりました。

仮にこの土地に2億円という価格が定まっていたら、提示された価格より30%も高く売れたでしょうか？

事業用の不動産の場合、その価値は各企業によって様々であり、想像している以上の差が生まれることが多々あります。このような成果を生み出すことが出来たのも①**徹底した準備**→②**絶対的な営業活動**→③**競争原理の活用**の3ステップがあったからこそなのです。

「価値を最大化させ、より多くの方々に求めて頂く」

これから売却をお考えの方は、一度立ち止まり、ぜひこの意識を持って臨まれることをおすすめいたします。

理想と現実のギャップから見る賢い土地活用とは

街の中で目にする、多くのコンビニや介護施設、賃貸マンションなどの建物。

おそらく、施主の大半は地主の方々ではないでしょうか。

もしくは、事業主に事業用定期借地契約で土地だけを貸しているケースなどもあるかと思います。

そのような土地活用を目にして感じるのが、プロの介在なしに、建築業者や銀行から提案された建設計画や資金計画をもとに、勧められるがままに建てたであろう現実。

皆さんも普段よく目にすることがあるかもしれませんが、必要以上に大きな駐車場を確保しているコンビニや、開発申請が必要とならない範囲で建築をした為に生じた未接道物件などが、この例です。

本来プロが付いていれば発生しない事案を目にするたびに、業者側（利用者側）の勝手な都合で建てたのであろうと考えると、憤りすら感じます。

予備知識がない依頼者と利益優先の業者。

互恵性が成立しない関係性では、いつまでたってもこの問題が解決することはないでしょう。

しかし、全てを熟知した経験豊富なプロを付けることでリスクを回避し、さらには運用益を高めることができるのです。

また、相続対策における不動産や建築問題は、デリケートでかつ簡単にやり直しが効かないからこそ、お客様ごとにカスタマイズされたオーダーメイドのご提案が必要であると、私どもは常に考えています。

真の味方である〝プロを付けないというリスク〟が、いかに大きな損失をもたらすかということに気付いていただければ幸いです。

収益不動産の魅力

株や投資信託などの金融商品を購入する時は、基本的に手元の現金を使うのに対して、賃貸物件を建築したり購入する場合、国内であれば長期間の借入が可能となります。

最近では海外の不動産投資について、あらゆる情報が飛びかい耳にすることも多いでしょう。

海外の場合、全てではありませんが、現金決済を求められるケースもあります。

その事業性や土地の担保価値、その方の属性などにより融資額に差があるものの、利益を得る為に融資を受けられる国内の不動産事情とは少し様相が違うようです。

安易に購入することは決しておすすめ出来ませんが、これらの情報を知っておくだけでも、今後の不動産購入や土地活用の際のヒントになるかもしれませんね。

《国内における収益不動産の3つの魅力》

1．評価が下がる

2．継続収入を得られる

3．借入が可能

国内における収益不動産の魅力について、以上の3つのポイントをぜひ知っておいてください。

実収入を増やす借り換え術

続いては、地主の皆さんとは切っても切れない、ローンの話をしましょう。

「高額のローン返済で苦しい」という地主の為の「実収入を増やす借り換え術」です。

複数の貸しビルや賃貸マンションを所有していたある地主さんの例です。

その方は、3つの金融機関（A銀行、B銀行、C信用金庫）から、総額4億1000万円の借入をしていました。それぞれ年間返済額は、A銀行が1320万円、B銀行が960万円、C信用金庫が600万円と、3つ合わせると、年間返済額は2880万円です。

この方と同じように、複数の不動産を持つ地主さんは、複数の金融機関から借入をしているケースがあるのではないでしょうか。

相談を受けた私は、それら3つの金融機関に分散していた借入を、D銀行一本に集約することを提案しました。

つまり、先の3つの金融機関の残債を、新たにD銀行に借り換えたのです。D銀行にとっては大口の融資となりますから、こんなにいい話はありません。

その結果、年間返済額が3つの金融機関に返済していた2880万円から2400万円に減らすことが出来ました。キャッシュフローで考えると、差し引き480万円も実収入が増えたことになります。

2017年のサラリーマンの平均年収が418万円、手取りで考えるともっと減る訳ですから、大きな成果と言ってもいいのではないでしょうか。

もちろん、ここに至るまでにはD銀行について詳しく調査をしたり、交渉をしたりといったことが必要になり、決して簡単なことではありません。

そもそもこういった手段があるのだと知っているのといないのでは、大きな差が生まれるのです。

あなたの味方は金融機関？それともプロ？

私のお客様の中でも、借入について、金利が高いか安いかというところだけを気にする方が多いのですが、それよりも借入条件で、何年間借入れるかというところに意識を向けて欲しいと思っています。

返済期間が延びれば、返済額は下がります。延びるのを嫌がる方もいますが、返済額が減れば、毎年余剰が出来るのです。

要は、いかにお金を回せられるかということが重要です。

また、固定金利でローンを組むと、借り換えをしようとした際に、違約金が発生しますが、その負担は決して少なくありません。

金利の安さに注目するあまり、借り換えをしようとした時に初めて違約金のことに気付く、というケースも多くあります。

そう考えると、やはり長期的な経営の為には横断的にアドバイスをして、実行をサポートするプロが必要だということがわかりますね。

もうひとつ、最後に皆さんに知って欲しいのは、「法人」を上手く活用する、ということです。

日本の場合、個人の所得が高くなると、税金はどんどん高くなります。
その為、物件を多く所有する地主の方は、それだけ負担も大きくなります。
この物件を、個人の財産ではなく、法人の財産に切り替えた場合、法人の方が税率が低く、個人に比べて融通もききやすいので、色々とメリットが多いのです。

例えば、図のようにアパート、土地ともに個人の持ち物だったものを、アパートだけ自分が経営する会社に譲渡するという形にします。
そうすることで、賃料による収入が、これまでは全て個人に入っていたものが、全て法人のものとなり、節約効果が高まります。

法人の活用の仕方

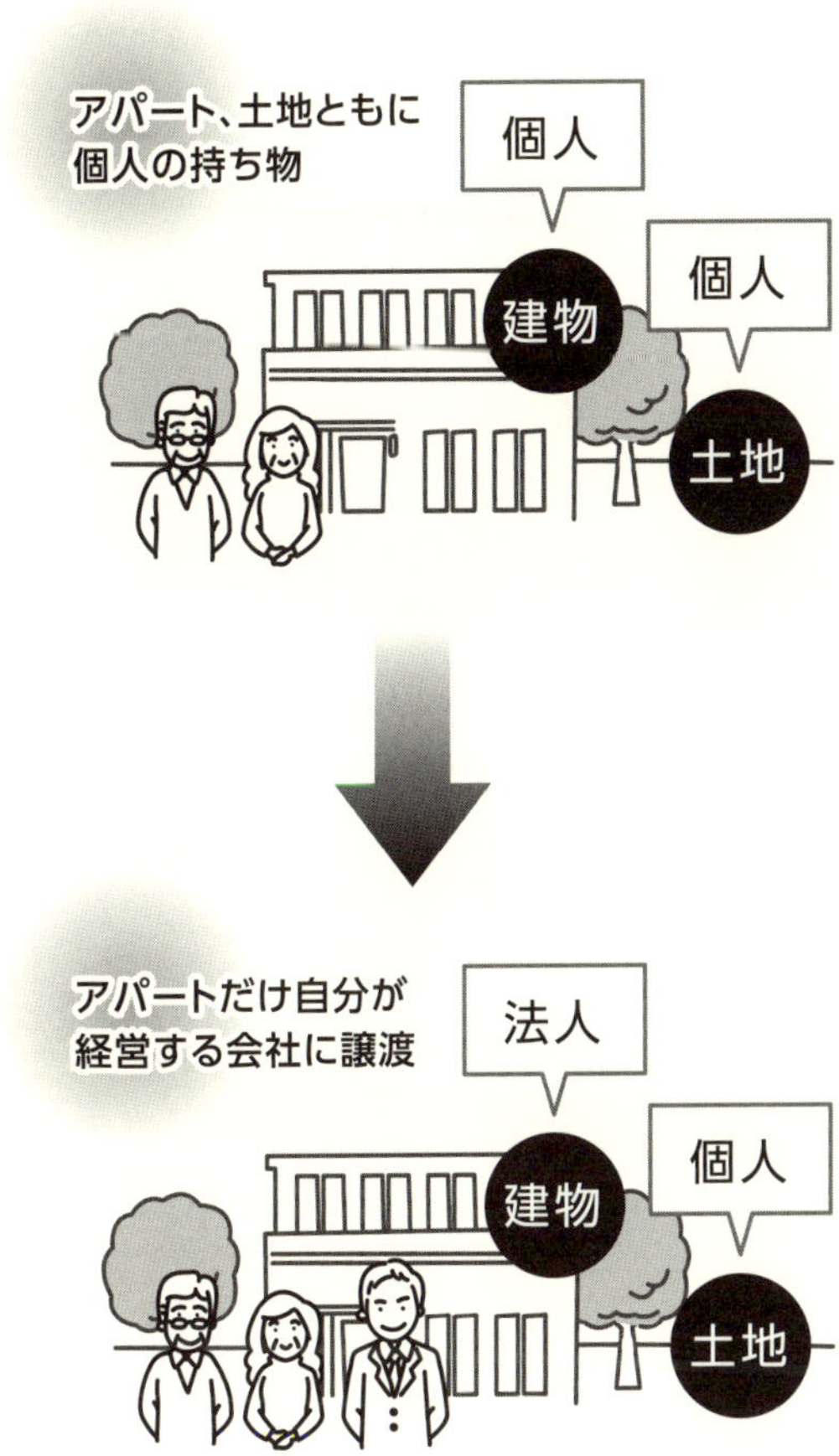

さらに相続税対策としても有効です。

この法人に子供を役員などに置くことで、その収入を子供達に分配することが可能になります。

個人で所有していた場合、財産はどんどん膨らむ為、子供達に相続税の負担がかかる一方ですが、このように役員報酬という形で、財産を早め早めに次の代へ移行することが出来るのです。

この方法であれば、必然的に税金が減るので、同じ賃料が入ってくるのであれば、キャッシュフローももっと良くなるはずです。実に有効な活用なのですが、この方法に気付かずにいらっしゃる方も少なくありません。

さらに、税理士の中には「建物だけ法人に移すのはローンが付いていると出来ない」と、思っている方もいるようです。実際は、それが可能な銀行とそうではない銀行があり、その実情を知らない税理士が、そう思い込んでしまっているのでしょう。

もし、納得のいかない説明を受けた場合や不安を感じた場合は、一度冷静になり、ぜひ違う相談窓口の門をたたいてみてください。

遺言のススメ

遺言の効果について詳しい方もきっと多いでしょう。
自分の身に何かが起きた時の為に、きちんとした遺言を作っておけば、その後の相続もスムーズにいくのではないでしょうか。

しかし、ここでのポイントは、遺言による効果は、相続の時に限られた話ではないということです。
遺言を作ることは、現状の資産の全てを把握する良い機会になり、資産防衛に何より欠かせないのです。

そして、もうひとつ遺言の良いところは、定期的にメンテナンスが必要であることです。

遺言書は、一度作っておしまいというものではありません。

特に地主家族であれば、資産は時間とともに動いていきますから、定期的に遺言書をメンテナンスする必要が出てきます。

面倒に感じる人もいるかもしれませんが、メンテナンスを行うことで同時に資産の全体像を整理することになり、新たな気付き、問題点の発見に繋がることもあるでしょう。

その為には、

・遺言は必ず作っておく
・定期的に遺言をメンテナンスする

これは地主の皆さんにとっては避けては通れない道であることを、念頭に入れておいてください。

将来を見据えた一貫性のある資産の守り方

ここまでは、資産の守り方のテクニックをお伝えしましたが、いかがでしたか？いきなり専門的な内容で、小難しく感じられた方もいるでしょう。しかし、これらのことはなかなか一般の方には知らされない貴重な情報ばかりです。

もちろん、金融機関では教えてはくれませんし、税理士や弁護士などの士業の方でも、専門に扱っていなければ知り得ないことばかりです。

ただ、お伝えしてきた不動産の売却、ローンの借り換えなどのテクニックは、地主の皆さんが抱える問題を点で捉えた場合の解決策です。

本来、土地・建物・借入・税金・保険など、相続や事業承継の問題の解決には、それぞれの点を結んだ一本の線として捉えることが重要です。親から子、孫の世代までを見据えて一貫性をもった対策を講じていくことが、資産を守ることに繋がります。

それは、あたかも絡み合った細い絹糸を1本ずつ解いていくように、複雑かつ繊細な作業と専門的なテクニック、そしてかなりの時間を要します。

本章の最後に、私達が実際に関わったプロジェクト事例をもとに、将来を見据えた一貫性のある資産の守り方とはどういうものかお伝えしたいと思います。


プロジェクトのきっかけは、ある地主のご家族からの相談でした。相談内容は次の2つです。ひとつは、賃貸物件の入居者が決まらずに困っていること。工務店に言われて数百万円かけてリノベーションをしたものの入居者が決まらないというもの。もうひとつは、跡取り問題。長男には子がおらず、次男の子に引き継がせたいが、いつ養子縁組をしたらいいのかというもの。

私は、まずこのご家族が過去にどういう相続をしてきて、今後どうしていきたいかを尋ねました。そして話を聞いている中で、ご家族が相続や土地活用について様々な誤解をしていることに気付きました。

入居者が決まらず困っている問題の物件も、きれいにする必要はあったのかもしれませんが、大規模なリノベーションをしたからといって賃料が上がるような立地ではありませんでした。古くなった建物をきれいにするのは必要なことですが、お金をかけたから賃料が上がるというものではありません。

また、不動産を売るとなった時、駐車場を売ることはあっても、定期的にお金が入ってくる賃貸物件を売るという選択肢をお持ちではありませんでした。

しかし、建物は古くなります。築40、50年の物件は相続する方も大変です。お金は入ってくるものの、出ていくお金も相当な額になるからです。

駐車場を残して、別の賃貸物件を売り、残した駐車場に新しい賃貸物件を建てる。そうすることで相続する方も喜ぶでしょう、というお話をしました。

丁寧に説明しながらこういった誤解を解いていくうちに、ご家族にも「確かにそうだね」と、新しい気付きが生まれているようでした。


ご家族に対策を前向きに捉えていただいた段階で、私は一度立ち止まって今所有している資産を洗い出して状況を整理することを提案しました。そして、現状を分析してみると、ご家族が問題と考えていたこと以外の問題点が見えてきたのです。

例えば、このご家族は、資金を潤沢にお持ちでした。それは、不動産屋に言われて年に1回、持っていた駐車場を売却していたからです。

しかし、定期的に大きなお金が入ってくる為、それ以外のキャッシュフローが見えにくくなっていたのです。どういうことかというと、所有しているいくつかの物件で収益が赤字になっていたのです。

見えている問題とは違うところに本当の問題が潜んでいる、これは体の痛みにも似ています。例えば、私が大学で野球をしていた頃、膝の痛みに困っていました。病院で診てもらい、治療してもらってもあまり改善せず、そうこうしているうちに、ある時、今度は腰に痛みを感じるようになりました。再び病院へ行くと、腰の神経部分が原因で膝が痛くなっていたことがわかりました。

同じように、地主家族の問題も表面に見えている問題に目がいってしまいがちですが、本質的な問題は別のところにあるという場合が多いのです。現状を把握し分析することで、見えにくかった問題点をあぶり出すことが出来るのです。

私は問題の本質が見えてきたところで、「支出の軽減」「実収入の増加」「固定資産税の減額」「相続対策」などの戦略方針を立て、それによって得られる効果を算出して、改善策の提案書としてまとめました。それをご家族に見ていただいて、プロジェクトが始動することになったのです。

実行に移す項目は、次の通りです。

1. 賃貸物件の売却
2. 既存借入の一括返済
3. 駐車場での賃貸物件の建築
4. 建築資金の新規借入
5. 既存のアパートを法人へ売却
6. 火災保険の見直し
7. 生命保険の見直し
8. 所有法人の株式を贈与
9. 家族信託の活用
10. 養子縁組

まずは、賃貸物件の売却です。非公開の入札方式をとり、私達が営業活動をし、100社以上に声をかけていきました。

そして売却の営業活動をしている裏では、駐車場での賃貸物件の建築も事業コンペが進んでいました。「2階建てのマンション」か「5棟の戸建」の2社に絞られていきました。そうこうしているうちに、売却の方に動きがあり、結果5社で入札をし、相場より高値での売却が決まりました。

売却が決まった段階で、駐車場に建てる賃貸物件も2階建てのマンションに決めて、売却の決済と賃貸建築の契約を同日に結びました。

結果的に、売却では相場よりも高く売り、建築の方でも私達が介在することで通常よりも安価に建てることができ、地主のご家族も喜んでおられました。また、建築会社にとっても集客や営業活動をすることなく、たったの3回の商談で契約が決まり、どちらにとっても良い取引となりました。

その流れで、売却で得たお金で既存借入を一度全部返済。

建築資金の借入については、大手メーカー経由で地銀や信託銀行から好条件のローンを提案してもらい、その提案をJAに持ち込み、さらに好条件のローンを契約することが出来ました。

その後、残ったアパートの建物のみをご家族が所有していた法人に売却しました。そうすることによって、収入が法人に入るようになり、個人の所得税を圧縮することも出来ます。ただ、狙いはこれだけではありません。

法人が不動産を持つと収入が見込まれ、株式の評価が上がります。そうなる前に、法人の株式を次の世代に贈与することで相続の対策にもなります。


少し駆け足での説明になりましたが、それぞれの対策が一本の線で繋がっているのを実感頂けたのではないでしょうか。キャッシュフローの大幅な改善に加え、それが相続対策も兼ねている。実は、キャッシュフローの改善と相続対策というのは、相反するもので、これを同時に実現するのは難しいことなのです。

今回お話ししたプロジェクト事例もこのご家族の現状と今後の目的に合わせて実行されたものです。何度も言いますが、解決策はひとつとは限りません。小手先の方法に惑わされないよう、地主の皆さんには、ぜひこれらのことを理解した上で、安心して心の置ける味方を付けて欲しいと思います。

どの方法を選ばれますか?

1. 自ら「知識」を身に付ける

2. 自ら「経験」を積む

3. 信頼できる「協力者」を側に付ける

資産を守る為のファーストステップは、一歩前進する「勇気」と「行動力」です。

プロジェクト事例・インタビュー編

プロジェクト事例インタビュー① 渋谷 紘一・登美子様ご夫婦（神奈川県川崎市）

私たちが財産承継の準備を専門家にお任せした3つの理由

ご主人の父親、義父から信頼され30年間資産管理を担ってきた渋谷家の奥様が、孫世代へ資産を受け継がせる為に、資産承継の準備を専門家に託された理由とその成果について伺いました。

理由その①「多角的な資産防衛策を提案してもらえる」

資産は自分のものではなく次世代に受け継がせるもの

―財産承継を迎えるご家庭では、税理士などに委託するケースが多いと思われますが、渋谷様はなぜ、専門のコンサルタントに委託されたのでしょうか？

登美子さん：私は、40代後半から義父に我が家の資産管理を任されておりました。主人は、多忙で資産管理について向き合う時間が取れなかった為、義父とふたりで、所有する土地をなんとか孫の世代まで残そうと、相談しながら管理をしてきました。

当時は、不動産屋さんや税理士さんなど色々な知り合いに相談して、相続が発生したらどれくらいの支出があるのか想定して準備をしていました。土地を処分したのは相続の時だけです。ただ、早めに手を打っていたので、幸い土地を残すことができました。その土地を、孫の代まで受け継がせることが義父の遺言でしたので、今後について、どうしたものかと考えあぐねたのが、資産防衛コンサルタントの松本さんに相談したきっかけです。

というのも、長男夫婦には子供がなく、次男の子供に承継する必要があり、私だけの判断では難しいと思ったからです。義父の代には、広い土地と、山林、それに自宅周辺に田畑もありました。義父が戦争から帰って一生懸命働いて残してくれた土地ですから、大事にしたいという思いや責任を感じていました。その気持ちは主人より強いかもしれませんね。

―ライフマネジメントにお任せしようと思った理由は？

登美子さん：まず、課題が多すぎて私の知識だけでは解決できないなと思ったのがきっかけですが、松本さんのお話を伺っていくうちに、専門知識が豊富な上に、誠実さと実績の高さに一目置くようになっていきました。何よりも「土地を売って相続税を払うより土地を残しつつ税金を払えるようにするのが一番ですよね」というご提案を頂いたことが、お任せしようと思った理由です。これまでは、税金のことは税理士さんにお任せしておけばいいと思っていましたが、松本さんに相談するようになったことで、色々な対策の立て方があるのだということを知り、とても勉強になりました。実際、理事を務めるある金融機関の幹部に、松本さんの提案について話したところ、その内容に太鼓判を押されたこともあり、信頼してお任せすることにしたのです。

―松本さんの手法の優れた点はどこでしょう？

登美子さん：これまでお付き合いのあった専門家の方々も優秀な方々でした。しかし、専門分野が分散していた為、時間がかかる上、全体像が掴めませんでした。でも、松本さんが束ねる専門家ネットワークは専門知識がある上に、若く、提案も早い。横の繋がりがある為、全体像を俯瞰して、1年程と驚く程の短期間で相続対策を完了させることが出来ました。そのスピード感と対策の適切さが、最も優れた点だと思います。

理由その②「短期間で適切な対策が実践できる」

登美子さん：また、息子も松本さんのお仲間と年が近いこともあり、素直に一緒に相談に参加し、家族みんなが結束して乗り越えられたことも有難かった。とても感謝しています。

紘一さん：私は一切関知していませんでした（笑）。妻と息子に、安心して任せていました。

松本：途中から、相談相手は息子さんがメインで、奥様がアドバイスをするという形になりました。相続のプロから見ても、理想的な形で進めることが出来て、本当に良かったなと思っています。

登美子さん：私は私なりにこれまで培ってきた資産管理のノウハウがある訳ですが、公務員の長男は考え方が少々堅いところがあって、当初は意見の相違もありました。でもそこはグッと我慢。将来は任せる訳ですからね。人間関係は1＋1＝2、といった単純なものではありません。賃貸関係や業者さんとのお付き合いにおいては、「1＋1が、3にも4にもなる場合があるんだよ」、ということは、やんわりと伝えていました。おかげで、息子に長男としての自覚が芽生えたようで、それもすごく良かったと思っています。どこのご家庭でも、親が元気なうちに、相続について話すのは難しいことです。義父が、私が40代の時に、資産管理を任せてくれたのが、今になって実を結んだような気がしています。

－他の地主の方々の資産管理を見て、どう思われますか？

登美子さん：私の周辺を見ても、バブルの頃に欲をかいて資産を失った人や、資産管理に失敗した人はたくさんいます。やはり、欲張らず、早めに手を打たないと資産を守るのは難しい。資産は自分のものだけではなく孫世代まで受け継がせるものである、という信念が強くないと守れないかもしれませんね。

専門家ネットワークを駆使したコンサルティング

松本：息子さんには、私の専門家ネットワークのメンバーに会って頂いていますし、年齢も近いので、一生涯のお付き合いになると思っています。

登美子さん：息子にとっても、信頼のおける専門家にいつでもアドバイスしてもらえる環境作りが出来ました。借入金の額を減らし、資産評価額を圧縮出来たのも良かった。私のシュミレーションより相続税額はかなり抑えられたと思います。

理由その③「キャッシュフローが見える化される」

松本：借入金については、キャッシュフローが将来的に見渡せるよう、組み替えて戦略的なものにしてあります。一般的な相続対策は、現状を把握せずなんとなく動き出すことが多いのですが、渋谷様のケースでは、最初の半年は資産の洗い出しをした上で、多角的な視点から分析をし、その合理性を検証しながら戦略を練ることに費やしました。その後、一気に動き出し、不動産鑑定士には土地の評価額の圧縮を、不動産売却のプロにはマンションの売却を、手続きは司法書士に、新しい賃貸物件の建築は住宅メーカーの担当者と、それぞれのプロの力を駆使して同時並行で資産防衛対策に当たりました。

登美子さん：私達は専門家ネットワークのおかげで、スムーズに機を逃すことなく判断することが出来たと思っています。30年間資産管理をしてきた私から見ても、それは見事な采配でしたね。自分達の儲けではなく、我が家のことを真剣に考えてくれていることを、ひしひしと感じることが出来ました。さすがプロフェッショナルだなと思いました。

―新しい賃貸物件をペット共生型マンションにした理由は？

登美子さん：これまでもお問い合わせは頂いていたのですが、既存物件の場合、他の住人との兼ね合いもあり、お断りしていました。でも、この周辺にはペット可の物件はほとんどないので、新しい物件はペット共生型にしようと長男が決めました。

松本：節税が出来て家賃が安定的に入り、リスクも分散したいとのご要望を受けて、ペット共生型のマンションを2棟、という形で提案させて頂きました。L字型の大型物件ではなく、2棟にすることで、いざという時に1棟だけ売却することも出来ます。

ペット可ではなく共生にしたのは、ペット可を謳った物件の場合、飼い主さんが他の住人に気を使わなければいけないからです。ペット専門物件なら、全入居者がペットに理解があり、気兼ねなく暮らせます。

プロが介在してくれたおかげで円滑に進みました

孫世代に資産を受け継がせる為に、渋谷様ご一家が当社にコンサルティングを依頼され、約1年で将来まで見通した資産防衛対策を取ることが出来ました。その成果は予想以上だと喜んで頂いています。渋谷家はプロに任せたからこそ得られた成果で、相続への万全の備えが出来たと言えるでしょう。

「専門家ネットワークに任せるメリット」

①我が家の資産の全体像を把握し分析することが出来る。
②プロの知識を結集させて資産管理を戦略的に行える。
③子供世代に自覚が芽生え、責任感が生まれる。

プロたちが語る「財産承継におけるコンサルタントの重要性」

フジ相続税理士法人・株式会社フジ総合鑑定　代表取締役・不動産鑑定士

藤宮 浩氏

日本大学法学部卒。フジ総合鑑定代表取締役として、年間600件もの相続関連案件の土地評価に携わる。相続税還付業務の第一人者として評価が高く、セミナーなどでは100人以上動員する。

●フジ相続税理士法人・株式会社フジ総合鑑定
東京都新宿区新宿2-1-9ステラ新宿2F・9F
☎0120-95-4834 https://fuji-sogo.com/

私は税理士とともに、適切な不動産評価に基づく予想相続税額の算出を行いました。土地評価の適正化で評価額を圧縮したほか、松本さんのご指示により複数の対策を組み合わせた節税対策をグラフにまとめて提案。所有マンションを売却した場合の不動産評価額と納税額のシュミレーションも行いました。

松本さんという、全体状況を把握している資産防衛のプロが介在してくれることで、我々は専門分野の仕事に集中することが出来ました。地主の方々は、松本さんのような公正中立な立場のプロに、まずは相談することをオススメします。

株式会社エスクロー・エージェント・ジャパン信託　代表取締役

平田　明氏

静岡県立大学経営情報学部卒。卒業後、不動産開発会社を経て2001年に不動産オークション会社へ入社。独自の手法により、不動産オークション事業を幅広く手がけている。

●株式会社エスクロー・エージェント・ジャパン信託
東京都千代田区大手町2-2-1新大手町ビル4F
☎03-6703-0500　http://www.ea-j.jp/

私が果たした役割は、渋谷様が古くから所有しているマンションの売却です。高値で売却する為に、不動産調査をしっかりし情報を公開、物件の価値を高め、リスクを軽減し、高く売る為の戦略を松本さんと一緒に練り上げました。

不動産の売却はタイミングも大切です。その点、松本さんが事前に資産の洗い出しと分析をして、現状を把握した上で準備を整えてくれたので、動き出してからは早かったです。

資産防衛のプロが全体像を把握しつつ進めてくれたおかげで渋谷様も素早く的確な判断が下せたのだと思います。

プロジェクト事例インタビュー② 太刀川 善一・雅子様・善様（北海道函館市）

次世代に引き継ぐための資産整理を依頼

誰も解決出来なかった資産と土地の問題を、東京の息子と一緒に解決出来ました。

―今回ライフマネジメントにどんな仕事を依頼されましたか？

雅子様：松本さんには、太刀川家がこれから次世代に資産を引き継いでいく為の資産の整理、見直しをお願いしました。こちらの現状を分析し問題点を明らかにして頂き、改善策の提案と実行を依頼したということです。特に大仕事だったのが数百坪の土地の権利関係の整理です。その土地では、家の長年の歴史の中で権利関係が錯綜していました。

将来、息子への、ひいては孫への相続をスムーズに行う為にも、私達の代で権利関係を整理する必要がありました。諸々の整理、見直しは、函館在住の私達、東京在住の息子、そして、松本さん、門脇さんが連携して行いました。家の資産のことを息子と真剣に話し合ったのは今回が初めてです。貴重な機会となりました。

―「土地の権利関係の錯綜」とは？　具体的に教えてください。

雅子様：大きくは「手持ちの多くの土地に対して、私達以外に権利者がおり、このままでは相続が難しくなる」という問題でした。この件については、私達もその権利者の方も、双方が解決を望んでおりました。しかし不用意に事を動かすと多額の費用や税金がかかる為、長年、解決出来ないまま棚上げ状態になっていました。

途中、函館の税理士、弁護士、行政書士等、専門家の皆さんに相談しましたが、どなたからも「難しい……、無理……。費用や税金が多額になる」など芳しい返事はありませんでした。

ただ何も進展しなかった訳ではなく、皆さんのご提案で、私達と相手の方の間で、「今後諸々を円滑、円満に進めていくことで双方が合意する」

という旨の合意書を交わしました。
ただそれが具体的なことの進展に繋がった訳ではなく、中途半端な時間がずっと続き、さてどうしたものか思いあぐねていた時に、松本さん、門脇さんのお二人と知り合った次第です。

交わした合意書は無効？

―どんなきっかけで知り合ったのですか？

雅子様：函館に普段から懇意にしているS社長という方がいらっしゃるのですが、そのS社長がライフマネジメントにご実家の資産整理のコンサルティングを依頼していたのです。その関係でお二人が函館にいらした時に、S社長にお願いしてご紹介頂きました。
早速その日のうちに土地を見に行って頂きました。途中色々話をしていても、お若いのにしっかりしていて誠実で、さすがS社長の厚い信頼を得ているだけのことはあると感じました。

それから私達の現状を説明し、以前に交わした覚書もお見せしました。するとまず覚書については、「当事者同士の合意であるという点で、大きな前進になっています。しかし残念ながらこの契約内容では、実際の問題解決にはつながりません」とコメントがありました。

－司法書士門脇（相続法務 成城事務所代表）からひとこと

門脇：この覚書の弱点の大きくは、「意義はあっても効力がない」ということです。当事者同士が誠意を持って話し合い、合意した内容を文書にまとめて互いに捺印する、こうした覚書があると、その後の進行や話し合いをスムーズに進める上で、非常に役立ちます。その意味でこの覚書には「大きな意義」があります。

しかし、残念ながらこの文書には、具体的に土地をどうしていくのかという記述がありませんでした。

つまり「問題を解決する為の具体的な道筋」が覚書の中に示されていなかったのです。

善一様：こうした説明ひとつひとつ取っても、お二人は地元の専門家とは明らかに一線を画していることがわかりました。松本さんに諸々の問題解決をお願いすることにしました。

東京在住のご子息と協力して事にあたる

―その後はどのように進行したのでしょうか？

雅子様：基本的には全てお任せです。土地の権利者、銀行、不動産会社、税理士など関係者との交渉ごとは全て松本さんに代行して頂きました。私達は同席する必要すらなく、今回の進行ではこちらが労力を使うことはほぼありませんでした。

特に松本さんは銀行との交渉等お見事で、知人の経営者も「すごいね」と感心していました。

また、今回とても有難く感じたのが、東京の息子も一連の作業に関わらせるよう松本さんからご提案があったことです。

最初、私達は、これは自分達の問題だから自分達で解決するべきだと思い込んでいました。また、親の目からすると、息子はどうしても「まだまだ子供」と見えてしまいます。

でも、今回松本さんから「やがては相続もあることですし、息子さんも関わった方が良いと思います」と提案があり、それを受けて、東京の息子とも連携して問題解決に取り組んでいくことになりました。そしてわかったのは「息子もすっかり大人なんだな」ということでした。もう私達の時代ではありませんね（笑）。

―ご子息からひとこと

善様：私は高校の時から東京に住んでおり、今も東京に生活の基盤があります。ただ実家の土地に関する話は、正確には知らないものの少しずつ漏れ聞いており、「いつかは自分も関わらないといけないのだろうな」と思っていました。

しかし、親子とはいえ資産はデリケートな話題であり、そうそう口を挟む訳にもいきません。ただ今回は、松本さんを通じて、私も実家の問題解決にスムーズに参加することが出来ました。今回の一連の作業を通じて、実家の現在状況、資産状況、今後自分がやらねばならないことなどを明確に認識出来ました。まだ全ての問題を解決しきってはいませんが、解決に向けて歩める体制を確立出来たと感じています。最終解決に向けてのプロジェクト、途上にある乗り越えるべき課題、そのメドが見えてきました。さらには現状の問題を解決したその後の、将来的な展望、活動。それらを松本さんから提案頂けたと感じています。

その提案は、これをやりましょう、あれをやりましょうと言って、ただそれを実行して終わりというものではありませんでした。ここまで様々な方針を試してみて、結果出来たこと、出来なかったことはありながら、そこでさらに緊密にやり取りを重ね、方針を変更して最終的な問題の解決を目指す、そんな形で今日に至っています。最初の提案だけで全てにGOをかけるような、底の浅い活動とは一線を画していました。

家を継ぐ場合、2つのパターンがあると思います。ひとつは実家に住んで家業を引き継いでいく場合、もうひとつは私のように実家から離れた遠方に住んで仕事をしているような場合です。

後者の場合、実家と離れている分「何かしなければいけない、だがなかなか出来ない」というジレンマにとらわれがちです。しかし私としては、今回の経験を通じて、自分の仕事があり、それが家業と関係がない場合でも、実家の資産管理の支援は案外出来るものだと改めてわかりました。

決して会社を辞める必要はありません。今の自分の生活や家族のことも、そして実家のことも両方とも取り組めば良いのです。個人的には、両方ともやるべきだ、だってやれるのだから、と思います。ぜひ、やってみることをおススメします。

後世に資産を引き継ぐ方へのメッセージ

－相続問題で悩まれている方へ、何かメッセージをお願いします
今回は結果的には、息子や孫に資産をキレイに相続する為の良い機会と

なりました。いざ「相続のその時」ではなく、前もって財産を整理出来たのは良いことだったと思います。お二人のような優秀な方は、地方にはなかなかいないと思いますし、また東京にだっていらっしゃるとは限りません。私達のように地方にいて資産のことで悩んでいる皆さんは一度相談してみるのは、すごく良いことなんじゃないかと思います。松本さん、門脇さん、この度は太刀川家の資産防衛と相続の準備をお手伝い頂き、本当にありがとうございました。

プロジェクト事例インタビュー③　江川 孝様（東京都武蔵野市）

代々受け継いできた土地の土地活用コンサルティングを依頼

祖父や父の代には相続税を納める為に、受け継いできた土地の多くを売却しました。もっと以前に、松本さんにお会いしたかったです。

駐車場から物流センターへ

―江川様はライフマネジメントにどのような依頼をしましたか？

江川様：先祖代々に受け継いできた土地について、土地活用のコンサルティングを依頼しました。具体的には、『駐車場』にしていた土地の活用方法についてお願いしました。

このたびの事業において、松本さんには、土地の課題解決の為に大変お世話になりました。おかげさまで、結果的には『物流センター』という我が家にとって最良の土地活用にいたりました。

地元の不動産業者へ依頼していたが進展がなかった

―いつ頃からどのような課題があったのでしょうか

江川様：今回、松本さんにコンサルティングを依頼した土地は、長年にわたり、ある企業へ一括して貸し、従業員用の駐車場として使われていました。しかし数年前、企業側の都合により、土地の賃貸借契約が終了することになり、次の借り手を探すことが課題でした。

―課題を解決する為に、ご自身がされていたことを教えてください

江川様：次の借り手探しについて、土地の賃貸借契約が終了となる6ヶ月くらい前に、地元の不動産業者に依頼しました。地域へ貢献したいという気持ちもあり、大手の不動産企業ではなく、いわゆる『町の不動産屋さん』

へお願いしました。しかし残念ながら、反応は芳しくありませんでした。土地の大きさや立地等の条件を考えると、規模の小さな不動産会社では難しいようでした。

そこで、我が家と付き合いのある税理士さんに相談したところ、松本さんを紹介されました。

若くて驚いたが、同世代・同環境で相談しやすい

―松本さんと会った時の第一印象はいかがでしたか?

江川様：個人的なイメージで恐縮ですが、不動産コンサルタントというと『年配で恰幅の良い人』を想像していました。松本さんと初めてお会いした時、自分より若くて驚きましたが、身だしなみもきちんとしていて、信頼している税理士さんからの紹介でしたので、好印象を持ちました。

また、松本さんの実家も私と同様に先祖代々の土地を引き継いでいる地主さんということで、相談しやすかったですね。地主の立場や環境につ

いて理解している上に、私だけでなく親の世代の気持ちも考慮されているので、安心感もありました。

我が家の事情に沿った、土地活用について様々な提案を頂きました。

複数の提案を出すだけではなく、一緒に検討してくれる

―土地活用の提案とは、具体的にどのような内容でしたか？

江川様：松本さんから頂いた土地活用の提案は、事業コンペ方式でした。複数の建設会社の様々な提案の中から、現状だけでなく事業性や将来展望も見越した上での我が家にとって一番良い案件を、松本さんと一緒に考えて選択しました。

選択後の業者や金融機関との交渉・書類手続き等、本来なら自分で行わなくてはならない作業についても、松本さんにお任せしました。これらは面倒な上に、間違いがあってはならない手続きですので、お願いして良かったと思っています。

また、その他の煩わしいことや悩みについても対応してもらいました。

―その煩わしいことや悩みとは？

江川様：私だけでなく、多くの地主さんに経験あるかと思いますが……建設会社や不動産会社からの「土地を売りませんか？　物件を建設しませんか？」といった営業や勧誘です。

こちらが情報を必要としている場合は、有難いこともありますが、迷惑と感じることがほとんどです。

松本さんが窓口になってくれたおかげで、このような業者との煩わしい対応にも悩まされませんでした。

―これまでの松本さんの仕事ぶりを評価ください

江川様：一番、高く評価している点は、松本さんの知識と人脈です。単に建設会社や金融機関を紹介するのではなく、各々の地主や土地にとって、最適な業者や専門家を繋ぎ、複合的に活用する。これは、松本さん自身が不動産業界に勤められていた経験や不動産や相続に関するコンサルティングの実績があるからこそ、今回のような手間のかかる案件でも迅速かつ適正に対応出来たと思います。

次に評価している点は、こちらからの相談について、誠意をもって的確なアドバイスをもらえるので安心して話せたことです。松本さんと関わっている中で、私自身も学んだことが多くあり、感謝しています。

―同じように土地活用で悩んでいる方に、先輩ユーザーとしてアドバイスがあればお聞かせください

江川様：相続の当事者になってからではなく、早めに信頼できる専門家へ相談されることをおススメいたします。と申しますのも、今回の土地は、7年前に父が急逝した際に相続しました。当時、私はSEとして会社勤めをしており、個人で不動産や相続についての勉強や準備もしていなかった為、大変な思いをしました。

多額の相続税を納めるために、代々にわたり受け継いできた大切な土地

を売却しなくてはなりませんでした。できることなら、その頃に、松本さんと出会いたかったですね。資産の管理や運用等についての本音は、地主同士でも話しにくいものですから、相談をする相手を選ぶのも重要だと思います。

ご近所の方から、建設業者に勧められて、持っていた土地に大きなマンションを建てたけど、入居率が悪くて金融機関からの借金が増えてしまったなどの失敗談を聞いたことがあります。個人で多少の不動産相続の勉強は出来ても、土地の実状にあった資産運用、建設業者や金融機関との交渉は難しいと思います。事前に松本さんのような信頼できるプロへ委ねることにより、不動産トラブルや相続のリスク回避にもなるのではないでしょうか。

―今後の期待をお聞かせください

江川様：松本さんとは、先述の土地の法人化や節税対策も含め、これからも色々とお世話になると思います。これからも現在と同様に、財産を守って頂けるよう、継続的なコンサルティングをよろしくお願いいたします。

お客様の声・専門家の声

お客様の声

○の会　代表理事

一條 好男氏

1960年生まれ。大学卒業後、会計事務所・コンサル会社に就職し、FP、事業承継、相続対策等の仕事に従事するほか、多くの事業に携わる。2006年『物心共に豊かな人生を歩む』をテーマに「○の会」を立ち上げる。その後、一般社団法人化し代表理事に就任。東京和僑会設立発起人、理事。和僑100万人ネットワークプロジェクトの代表を務める。

誠実な人柄と粘り強さ！
人脈の広さも別格の若手コンサルタント

私は経営者や資産家の皆様と一緒に、物心共に豊かな人生を歩むことをテーマとした、「○の会」を運営しています。ここでは多くの方と会話をし、中には様々な悩みを抱える方もいます。豊かになるだけでなく、資産運用や相続にまつわる「こんがらがった問題」を解決するお手伝いもしたいと思っていたのです。

そんなある日、○の会の会員さんの紹介で出会ったのが松本さんです。職業を伺うと「不動産を持っている人の資産防衛をしています」と、まっすぐな目でおっしゃっていました。聞けば、ご本人自身が資産家の家に生まれ、ハウスメーカーに勤務して、不動産、法律、金融関連に詳しいという。

そこで、不動産の資産運用で困っている会員さんがいらっしゃったので、松本さんを紹介しました。同席していて感じたのは、コンサルタントとしての有能さです。問題の洗い出し、借入返済のシミュレーションなど、理路整然と、非常に現実的なアドバイズをされていました。

その後、松本さんはアパート、マンション、駐車場……手つかずになっていた不動産資産を、時間をかけて整理。それぞれの問題点をクリアにして、細かく見直していきました。借入の一本化を行い、必要ではない不動産を相場以上の値段で買い手を見つけていく……その人的ネットワークは例がないと感じました。

また、お客様に対する話の仕方、確認の取り方、進め方も見事なものでした。

感心したのは、松本さんが私と○の会への報告を適宜なさったこと。私にとっても大切な会員さんであることを踏まえ、誠実な対応をしてくださった。もともと、誠意にあふれている人だということを感じていましたが、それが仕事ぶりから伝わってきました。

また、松本さんは粘り強さがあります。とにかくあきらめないで、お客様を導いていきます。資産にまつわるコンサルは、奥様と旦那様の意見を調整しながら、親族、子供、相続人……それぞれの複雑な人間関係を紐解く仕事であり、なかなか最後までやり遂げる人は少ないと感じています。

それから、「この方向にしよう」と方針が決まったら、愚直に誠実に対応していく。

これを持ち合わせている方は彼しかいないんじゃないかな……と思ったこともあります。

そして、彼の特筆すべき点は、資産家や地主の方の気持ちがよくわかること。土地や資産は先祖からの「大切な預かりもの」であり、次の世代へ繋いでいくという使命感を心の底から理解しているのです。というのも、松本さん自身も資産家の出身なので、資産家の皆さんが持っている強い責任感に寄り添えるのでしょう。

そして私自身も松本さんのコンサルを受けて、4年ほど前に購入した不動産を、購入時より数千万円も高く売って頂きました。とても複雑な要素を含んだ物件でしたが、計画決定後は見事なまでに次々とプロを動かし、その采配力にはただただ感心するばかりでした。

その後別件で、関東の60坪ほどの土地が出ました。そこの好条件を見抜いた松本さんは、すぐに私に連絡をくださいました。もちろん答えは「GO」。

すでに申し込みは入っていたのに、その返事の後、あっという間に諸条件を調整してくれたのです。おまけに、この土地に建築予定の賃貸物件のシュミレーションをすると、もともと持っていたアパートよりも、倍以上の純利益が出ることがわかりました。

結局、私は物件を一度も見ることがないまま、電話一本でそれを手に入れることが出来たのです。一度も見ないまま購入するなど、人が聞けば信じられない話でしょう。でも私は、彼の人間性と素晴らしい目利きを信頼しているからこそ安心して全てを任せましたし、結果とても良い買い物をすることが出来ました。

このような松本さんの人的ネットワークは類がないことだと感じています。好条件を整えるだけでなく、買い手や物件を探してくれるところまでやってくれるのは、周りを見ても彼しか知りません。また、元々あった物件の処分や、土地から遺跡が出るなどの問題が発生した場合でも、相手側が対応してくれるような好条件も取り付けてくれました。

複数の物件を持っていて、有効活用が出来ていないと感じる人や、収益物件の純利益を伸ばしたいと考えている人は、松本さんのコンサルを受けた方がいいと感じます。今、絡まっていると感じる問題を、快刀乱麻を断つように改善に導いてくれますから。

専門家の声

税理士法人JNEXT　代表社員税理士

荻野　岳雄氏

あすか総研株式会社 代表取締役、税理士、中小企業診断士、行政書士。大学卒業後、国税局に3年勤務。その後、1986年に、税理士として独立。経営コンサルタントとしても手腕を発揮し、上場企業を含む35社の経営を行う。株式上場のサポート、資金繰り、節税、税務調査、相続、事業継承など幅広く手掛けている。

●税理士法人JNEXT
東京都豊島区東池袋3-23-13 池袋KSビル7F
☎03-5960-3665　https://www.paton-l.com/

地主の立場に立って、ここまで動ける人はいないと感じます

松本さんは常に「地主の立場に立って行動している」と、私は評価しています。彼はまず、その人がどうしたいかについて、よく考えているのではないでしょうか。

例えば、ある不動産があったとして、それをどのように継承していきたいかを、様々な方向から探って、最適解を導き出してくれる。彼は税の仕組みについても詳しいし、不動産についても明るく、さらには法律についてもよく勉強している。だから、相手が損をしない方向性を色々示すことができるのでしょう。そこが、他の人とは違うところでしょうね。

地主をはじめとする資産家の方々は、今までに多くの不愉快な思いをしたり、問題がある土地や事業を押し付けられて、人を信じられなくなっている人が少なくありません。松本さんは、どんな時も誠実にやってくれるから、人間不信になってしまった人からも信頼されるのでしょう。

最初は疑心暗鬼でも、何回か会うと彼の誠実な人柄と資産家の立場に立っているこ

とが伝わり、仕事を任せようという気持ちになるんじゃないかと思います。

誰もが評価する物件は、なかなか市場に出回ることが少ないと感じている人は多いでしょう。一般人である私達のところに降りて来る物件は、資産価値や収益性について疑問視せざるを得ない場合もあります。しかし、松本さんは、玉石混交の不動産の中から〝いい物件〟を見抜いてきて、資産家や地主の方に紹介しています。いい物件の条件は色々あると思いますが、松本さんが紹介する物件は、税金面、不動産価値、将来的な展望が見込めるものばかりです。これは、不動産を見抜く目がしっかりしているからでしょう。ご自身の経験があるから、〝目利き〟になれるのだと感じています。

また、資産家・地主の多方向からの相談に乗れるところも、大きな強みではないかと思います。

不動産を含めた資産の売買、税金、法律、運用、相続、継承……資産家や地主の方に付きまとう、これらの様々な問題について、トータルで相談に対応できるところも優れた点ですね。借入のシミュレーションもしてくれるし、建物の運用のこともわかっている。それらにまつわる全般な知識と経験が豊富です。だから皆さんからの信頼を得るのでしょう。

さらには、松本さんが専門家をネットワーク化していることも、評価しているポイントです。

彼自身も、様々なことに詳しいですが、弁護士、税理士、公認会計士、司法書士などエキスパートとの人脈があることが素晴しいと思います。問題が起こった時に、すぐに専門家に聞けるという人は、なかなかいないんじゃないかな。そういうところも含めて、多くの人が彼を信頼している理由だと感じています。

ベリーベスト法律事務所　代表弁護士

浅野 健太郎氏

慶應義塾大学法学部卒。2000年司法試験に合格し、2002年弁護士登録。ニューヨーク大学法科大学院終了、2010年米国ニューヨーク州弁護士登録。2010年ベリーベスト法律事務所開設。現在は国内外に26拠点へと拡大、310名のスタッフが在籍している。

●ベリーベスト法律事務所
東京都港区六本木1-8-7 MFPR六本木麻布台ビル11F
☎0120-666-694　https://www.vbest.jp/

お客様と向き合う姿勢が素晴らしいですね

弁護士は法律に関する案件は一任されますが、地主や経営者が直面する法律問題は、一分野の専門家だけでは解決出来ません。当事務所では、不動産であれば不動産業界でキャリアがある弁護士、相続であれば相続のプロ、離婚であれば離婚問題の専門家が対応します。
事業承継や相続問題は、複雑で法律的にも争点が多く難航しやすいのですが、松本さんのようなプロが介在することで、私たちも円滑な対応が可能となります。松本さんは、丁寧にお客様と向き合い、じっくりと話を聞き出しながら、何がお客様の為になるかという視点で物事を見ています。このような誠実な姿勢もまた、お客様からの評判が良い理由のひとつだと思います。

税理士法人SHIP　MBA・税理士

鈴木 克欣氏

京都大学上級経営会計士（EMBA）取得。これまで経営者とともに作成してきた経営計画は延べ400社以上。月次決算と経営計画に力を入れ、「経営者の意識改革が企業を強くする」ことをセミナー

等で提言。「黒字化ストーリーを創る」という使命を掲げ、税務会計事務所経営の傍ら、会社組織指導・経営者の夢実現を応援し、東海及び関東で活躍。業界の革新者として数々の企業の黒字化を成功させ、その高いスキルと誠実な人柄に多くの経営者から信頼を集めている。

●税理士法人SHIP
愛知県豊橋市大橋通1-101
☎0532-57-5346 http://www.ship-ac.jp/

互いの存在をリスペクトし合える、唯一無二のパートナーです

時代が激変を遂げる中、情報もめまぐるしく飛び交い、意思決定までもがスピードを求められる時代になってきています。経営者にとって素早い意思決定を行うためには、①常に流れを読み、②見える化を行い、③基準を明確にしておく、ことが重要と

なるでしょう。

私はこれまで税理士として、「経営者のアドバイザー」というポジションで多くの経営者と関わってきましたが、松本さんはこれらの3つの重要なポイントを全て満たしている経営者と言えるのではないでしょうか。

また経営者にとって必要となるのが、『信頼できる協力者』ですが、「協力者を味方に付ける」という観点でも彼は秀でており、専門家を取りまとめ事案ごとにチームを編成しているライフマネジメント社の「ワンストップ体制」も、このことが活きていると言えるでしょう。


同じように税理士の現場でも同様のことが求められます。経営者が攻めるタイミングには、①キャッシュフローを改善する為の資金調達、②より資金を生む為の強固な黒字体質化、③市場を読み売上を向上させる為のマーケット戦略、が必要です。そして、その様々なソリューションを実現していく為には当然のことながらスピードも求められ、ひとりの税理士では限界があります。つまりは、税理士はただ数字を弾くだけではなく、経営者の課題を聴き、「コーディネーター」として最善の答えを用意する為のアソシエイター（仲間）を用意しなければならないのです。
職業は違えど根底にある想いや姿勢は同じ。松本さんとは出会ってまだ数年ですが、それぞれの業界で活動し続けてきた互いの姿にリスペクトし合ってきました。これからの相続業界を担う松本さんには、さらなるご活躍を期待しております。

税理士法人深代会計事務所　副所長/税理士

横山 洋昌氏

昭和45年 和歌山県和歌山市生まれ。平成10年に税理士試験に合格。平成15年に深代会計事務所に入所後は、税金の申告業務のみならず、相続・事業承継対策やお客様の財産管理のサポートまで対応。平成28年に副所長に就任。税理士業務のほかセミナー講師など多岐にわたり

活躍し、日々活動の幅を広げている。
●税理士法人 深代会計事務所
東京都豊島区東池袋1-17-8 NBF池袋シティビル7F
☎03-3983-5424
https://www.fukashiro-kk.or.jp

心の姿勢も資料作りも、すべてがお客様目線であることに感心します

松本さんとは、大手ハウスメーカーの支店長の引き合わせでご縁をいただきました。その日、支店長は約束の時間より少し遅れてこられるとのことで、しばらく初対面の私たちは部屋の中で二人きりでした。しかし不思議なことに、私たちは瞬時に魅か

れ合いリラックスした雰囲気の中、まるで旧知の仲のようにすぐに会話が盛り上がったのです。支店長が入室された時には、すでに和やかな雰囲気だった為、大変驚かれていたのが記憶に新しいところです。

このとき、私はとにかく松本さんとの会話に夢中になっていました。

私どもがやっている地主さん中心の仕事の内容と、その想いや気持ちを熱く語り、それを松本さんはじっくり聞いてくださいました。

松本さんもまた動画を交えながら、これまで地主さんに提案してこられたスキームを、丁寧に熱く語られました。

それだけではありません。私は、第一印象ですぐに松本さんに好印象を持ちました。

第一に雰囲気がいい。表情や振る舞いに人柄がにじみ出ている。

「この方と一緒に仕事をしたい。」それが私の正直な気持ちです。

その後、急速に一緒に仕事をする中で、お会いするたびに松本さんの仕事ぶりに目を開きます。

商談に同行した際に気付いたのが、まず初めにお客様の関心をひきつける話題からスタートすることです。明るく楽しく、軽妙洒脱な会話の展開、そしてその話し方のやさしさにただただ感心します。

もっとも感銘を受けたのは、お客様へ向ける心の姿勢、態度です。松本さんのやさしい眼差しには、お客様へ向けるやさしい心がそのまま現れています。私どもも大事にしていることですが、お客様といかに心を通わせ、良い関係性を築いていくかという点でも、とても優れているのではないでしょうか。

松本さんは、お客様がこちらに対する気持ちが前向きでプラスの方向であるかどうかを、常に大事にされています。前向きな気持ちがあり好意を持って頂いているお客様には、必ず自分の提案が届くという信念があるからです。そして、なによりお客様が読みやすく簡潔な資料作りを心がけ、資料からもお客様の心にプロとしての確信を届けています。

資料が一目瞭然で、素人の方にわかりやすく作られているのは感心します。難しい案件だと、おのずと資料も難しくなりがちです。しかし、そういうことが全くない。難しさを感じさせない。さらりと解きほぐされていくのです。これは、問題点が明確に整理できている証拠です。

私どもの仕事は、現状分析をして、問題点をあぶり出し、解決策を提案することです。その上で、お客様に決断を頂いて実行していきます。文字にすると簡単なようですが、この過程は長期に渡りますし、デリケートで難解な事柄をひとつずつクリアしながら進めているため、忍耐力も求められます。その中で松本さんの説得力は、優しく深く地主さんの心に響き、重大な決断をしていただく際に欠かせないのです。

さらに、松本さんのお話は、会話の中心になっているご主人様だけではなく、横に座って話を聞いている奥様にも届けられていることです。だから、奥様も「本当にわかりやすくて助かります」と感想を述べられます。常に周囲への配慮を忘れないその姿勢も、またお客様の心を惹きつける要因でしょう。

それぞれの役割は違いますが、松本さんは「地主の参謀」であり、私どもは「あなた想いの会計事務所」です。これからもどんどん地主さんと心を通わせ良いご提案をし、一緒に笑いあいながら最高のパートナーシップを築ける存在になっていけたらと強く念願しております。よろしくお願いいたします。

（株）デザイン経営研究舎　代表取締役　一級建築士/宅地建物取引士

杉林　友彦氏

1994年工学院大学工学部建築学科を卒業。アトリエ系設計事務所に勤務後、シマダハウス株式会社へ入社。2010年より、同グループ会社のシマダアセットパートナーズ株式会社へ事業責任者として従事。2017年、（株）デザイン経営研究舎を設立。「デザインで企業の経営力を拡大し続ける」という経営理念を掲げ、数多くの企業のイノベーション創出に携わる。比類なき創造力と洗練されたデザイン力は、各方面より圧倒的な評価を得ている。

● （株）デザイン経営研究舎
東京都中央区銀座1-13-1 ヒューリック銀座一丁目ビル4F
☎03-6403-9797　http://www.design-keiei.co.jp

地主様にとって力強い味方です

松本さんとは、5～6年程前に、知り合いの紹介でお会いしました。背が高く、見た目も若くて物腰がやわらかい。しかし、話すと、穏やかな口調でありながら、言葉のひとつひとつに芯があって力強い。年齢の割にしっかりしていて、信頼出来る方だなというのが第一印象でした。

さらには、やわらかさの奥に、きっと多くの困難を乗り越えてきたのだろうという、内に秘めた経験値を感じることができました。「どういう仕事をされているのだろう」。その時は、とにかくその仕事内容にとても興味が湧いたのを覚えています。

実際に、初めて仕事を共にした時のことです。

私は松本さんの「あること」に驚きました。それは、良い意味でクライアントに遠慮をしないということです。私たちは、クライアントと接する際に、つい遠慮が先に走り言いたいことを遠回しに伝えがちになります。しかし、本当にクライアントの立場に立った時に、果たしてそれは良い結果をもたらすのか?というと、間違っていると言えるでしょう。松本さんのように、ダイレクトにストレートな言葉を通してコミュニケーションをされることで、結果クライアントの心に響き、難しい案件も急速に事が運ぶのです。加えて、見た目とのギャップも、より相手の心を掴むのかもしれません。なにしろ、私もその一人なのですから。

とはいえ、いきなり直球だと、クライアントの心に障ります。そこは、まず最初の段階でしっかりコミュニケーションをはかり、信頼を掴んだ上で進めているのです。また、不都合が生じた場合のコミュニケーション能力も素晴らしい。場の空気を読み、相手の心を汲み取りながら進める商談は、傍で見ていて、ひときわ精彩を放っていると感じるのです。その仕事ぶりは、年々安定感が増し、同じプロジェクトに携わっている身としては、心地よい安心感に包まれます。

松本さんとは、しばしば仕事終わりにお酒を飲みに行きます。仕事中は真剣だった表情も、アルコールが入るとやわらかくなり、さらに愉快に饒舌になるのです。笑いが絶えない明るいお酒の場は、ご一緒していてとても楽しく、お互いに気の置けない大切な仲間ですね。

これから、日本は高齢化社会を迎えるにあたり、相続市場もさらに拡大していくでしょう。地主様にとって、来るべきその時に向けて、今から準備を進めておくことが大切だと思います。そして、トラブルを未然に防ぐ為にも、松本さんのような参謀を傍に付けられると安心だと思います。まだまだお困りの地主様が沢山いらっしゃると推測します。松本さんのさらなるご活躍と事業拡大により、救われるお客様がますます増えることを強く望みます。

あとがき

感謝

２０１１年11月、ある方のお声がけにより、「松本隆宏を応援する会」が催されました。

白金台にある、四季折々の美しさを感じられる八芳園で開かれたその会には、先輩経営者や私に所縁がある方々など約80名がお集まりいただきました。乾杯の音頭は高校の先輩である、株式会社ヤマダ・ウッドハウスの増田社長が、アチーブメント株式会社の青木社長からは、締めの温かいお言葉を頂きました。

たった35歳の若輩者の為に、多くの方がお集まり頂き、このような盛大な会を催して頂いたことはこの上ない名誉であり、今でもこの日のことを思い出すと、感慨深く熱いものが込み上げてきます。

そして、この会の発起人であり陣頭指揮をとってくださったのが、株式会社いかしあい隊の牛久保洋次会長だったのです。

牛久保会長は、１９８０年代に株式会社友アンド愛を創立し、日本にはまだなかったレンタルレコード業をスタート。その後、デリバリーピザのピザカリフォルニアを創立し、ＦＣ約１１００店舗まで拡大。時代のニーズを先読みした事業展開とその経営手法は、若手起業家のお手本であり、ご誠実で温かいお人柄を慕う後進が後を絶えません。


こうして世の中に書籍を出すことが出来たのも、今日まで変わらず目をかけてくださり、温かいご指導・ご支援を頂いている賜物だと思っています。会長には、この場をお借りし深く感謝を申し上げます。

人生流儀

私は取り立てて優れた経営者ではありません。むしろ、まだまだ未熟で成長過程にある若輩者です。

感受性が強い私は、小さい頃から泣き虫で、成績も落ちこぼれ。

甲子園へ出場し、法政大学へ進学した経歴は実に華々しく見えますが、それこそ私の人生の中で、唯一中途半端に終わった苦い時代なのです。

記録や実績を残したかったわけではない。

ただ、上には上がたくさんいます。全国で名を馳せた猛者達が集う法政の野球部では、それを強く痛感しました。どんなに地元で優れていても、全国レベルとそれはまた別物なのです。

ケガによる故障もまた、4年間私を泣かせました。しかし、ただ黙々と、ひたすらトレーニングに打ち込んだ4年間は、自らと対峙する絶好の機会でもありました。

とにかく、やり切ることの大切さを身体に刻み込み、怠惰へ引きずり込まれないよう自分を律し追い込んでいったのです。

己と向き合う時間。

あの時があったからこそ今がある。

素直にそう思うのです。

社会人になり、特に起業後は、多くの素晴らしい先輩経営者とのご縁を頂きました。

その中で、とりわけ私は年長者とのお付き合いを深めることを重視してきました。

それは、私自身が成長欲が高く、自身の成長の為には年長者との時間が大切だと感じているからです。

年長者を敬う理由のひとつに、やはり野球を通した経験があったことは言うまでもないでしょう。

スポーツをしていた方であれば、大抵礼節を重視する縦社会を経験していると思いますが、野球は特にそれが厳しい世界だったと思います。とはいえ、野球をしていたことで目上への「気配り・心配り・礼節」が自然と培われました。

私達の先を行く方々は、良い意味でも悪い意味でも道しるべを作ってくれ、後を追う私達はそれをただなぞるだけ。良ければ習う、悪ければそれを変える努力を自分のエネルギーにするだけのこと。いわば、荒野を開拓し、人が歩ける道を作ってくれているのが年長者なのです。

日本人が忘れつつある日本の美徳。

人がなんと言おうと、それが私の流儀なのです。

しかし振り返ってみると、高橋師匠のもとで学ぶ前の私は、まだまだ荒削りで、若さゆえの生意気さや奢りが、知らず知らずのうちに前面に出ていたと思います。

素直さ、謙虚さが大切だと頭で理解していても、どこかで足らない部分があったのです。大人子供のような自分の弱さを拾い上げ、正し、自らの力で行くべき方向へと歩けるよう導いてくださった師匠には、言葉では言い尽くせない程の感謝の気持ちでいっぱいです。

引き寄せの法則

私は、日常のあらゆるタイミングで、「引き寄せ」の場面に遭遇することがあります。

例えば、「最近あの人に会っていないな。連絡してみようかな」というタイミングで、数ヶ月ぶりにその方から連絡が入る。

また、縁も所縁もない都市なのですが、「あのエリアで仕事ができたらな」と思っていた矢先、突然その仕事が舞い込む。

皆さんも大なり小なり、このような経験があるとは思いますが、私はその頻度が高いように感じます。

実際に周りからも「松本さん、また引き寄せたんですか！」と、驚かれます。

思い返すと、それは瞑想を始めた辺りから変化が出てきたように思うのです。

5年前から、私は定期的に伊豆へ座禅断食の合宿へ参加しているのですが、その頃から毎朝自宅で座禅を組み、瞑想することを習慣にしています。

早朝、まだ周りが静かな時間帯に、呼吸を整えて意識を集中させ、心を無にするのです。

すると、第六感が研ぎ澄まされていくような感覚が走り、瞑想後は気持ちが軽く、思考がクリアになった爽快感が全身を突き抜けます。

こんなことを言うと、「なんだ胡散臭い」とか「そんなの思い込みだよ」という意見もあるかもしれません。ただ言えるのは、5年間毎日繰り返し継続してきたことで、確実に何かが変わってきたのは事実です。イマジネーション向上の効果もあるので、されたことがない方はぜひ一度試してみてください。

地主家系に生まれたひとりとして

なんでも安心して相談が出来る人
我が家のことを長期的に考え、助言してくれる人
実行をサポートしてくれる人
利益を創り出してくれる人
何も売り込まない人

この10年、過去の経験をもとにお客様が求めているものを形にしていくことで、私は相続業界に新たなビジネスモデルを確立させました。

そして、さらにこれからの10年で教育体制を整え、その先の10年では地主が参謀を付けることを当たり前とする社会を構想しています。

その実現の為には、日々新しいアイデアを生み、新たな価値を創造し続けることが当社のあるべき姿だと考えています。


「プロを付ける」

こんな選択があるというだけで、皆さんの気持ちも少しは楽になるのではないでしょうか。

本書を読み、そんなことを知っていただけたなら、この上なく幸いです。

２０１８年12月　ライフマネジメント株式会社　代表取締役 松本　隆宏

著者　松本隆宏（まつもと　たかひろ）

地主専門の資産防衛コンサルタント。ライフマネジメント株式会社、代表取締役。

地主系の長男として生まれ、法政大学法学部を卒業後、自ずと地主にゆかりのある大手ハウスメーカー、不動産会社と歩み、地主特有の感性を活かした提案などで数多くの実績をあげる。一方で、顧客からの相談に対応しきれない案件に、悩みを深める。三代相続で資産を失いかねない土地、そして相続・不動産・建築…は、人生の中で最も大きな資産が動くにも拘わらず、地主には、真の相談者が存在しない現実に直面。自らがその相談役になるしかないと、「地主の参謀」として独自の仕組みを構築することを標榜し起業。税務はもとより、登記、金融機関、不動産企画、建築、シミュレーションなど、戦略的に資産を守るための「地主のための専門家チーム」を構築。本当に自分達の味方で頼りになる相談役と、地主から多くの賞賛を浴び、この10年で口コミだけで数々の実績を生み出している。2018年には、『日本の専門コンサルタント』でも紹介された、プロが認める今業界注目の逸材。1976年、神奈川県相模原市生まれ。高校時代は日大三高の主力選手として甲子園に出場。

小社 エベレスト出版について

「一冊の本から、世の中を変える」——当社は、鋭く専門性に富んだビジネス書を、世に発信するために設立されました。当社が発行する書籍は、非常に粗削りかもしれません。熟成度や完成度で言えばまだ低いかもしれません。しかし、

・リーダー層に対して「強いメッセージ性」があるもの
・著者の独自性、著者自身が生み出した特徴があること
・世の中を良く変える、考えや発想、アイデアがあること

を基本方針として掲げて、そこにこだわった出版を目指します。

あくまでも、リーダー層、経営者層にとって響く一冊。その一冊から経営が変わるかもしれない一冊。著者とリーダー層の新しい結び付けのきっかけのために、当社は全力で書籍の発行をいたします。

地主の参謀

定価：本体1、650円（税別）

2018年12月7日　初版発行
2019年12月21日　五版発行

著　者　松本隆宏
発行人　神野啓子
発行所　株式会社 エベレスト出版
〒101-0052
東京都千代田区神田小川町1-8-3-3F
TEL 03-5771-8285
FAX 03-6869-9575
http://www.ebpc.jp

発　売　株式会社 星雲社
〒112-0005
東京都文京区水道1-3-30
TEL 03-3868-3275

制　作　株式会社 日本財産承継ホールディングス
印　刷　株式会社 精興社　製　本　株式会社 精興社

©Takahiro Matsumoto 2018 Printed in Japan ISBN 978-4-434-254512

乱丁･落丁本の場合は発行所あてご連絡ください。送料弊社負担にてお取替え致します。

本書の全部または一部の無断転載、ダイジェスト化等を禁じます。